鲁西南黄河冲积平原路基处理与施工技术

杨红霞 著

中国建材工业出版社

图书在版编目（CIP）数据

鲁西南黄河冲积平原路基处理与施工技术/杨红霞著．
—北京：中国建材工业出版社，2017.1
ISBN 978-7-5160-1290-1

Ⅰ.①鲁⋯　Ⅱ.①杨⋯　Ⅲ.①黄河—冲积平原—公路路基—路基工程—道路施工—山东省　Ⅳ.①U416.14

中国版本图书馆 CIP 数据核字（2015）第 237351 号

内容简介

本书系统地介绍了鲁西南黄河冲积平原地区各类土的工程特性，公路软土地基处理方案优选理论，高速公路路基处理与施工技术，粉土、低液限粉土和高液限黏土路基填筑技术。全书共 8 章，内容包括概论、济菏高速公路工程地质特征、公路软土地基处理方案优选理论、置换法处理公路地基浅层软土、堆载预压法处理软土地基、粉喷桩加固公路软土地基、鲁西南黄河冲积平原典型土类工程特性与路堤施工技术、利用前期勘测资料计算地基最终沉降量等。

本书内容紧密结合工程实例，实用、可操作性强。可供从事公路与城市道路、桥梁与隧道研究、设计、施工、试验、监理等技术人员参考，也可作为高等学校公路与城市道路、桥梁、交通工程等专业教学参考书。

鲁西南黄河冲积平原路基处理与施工技术
杨红霞　著

出版发行：中国建材工业出版社
地　　址：北京市海淀区三里河路 1 号
邮　　编：100044
经　　销：全国各地新华书店
印　　刷：北京鑫正大印刷有限公司
开　　本：787mm×1092mm　1/16
印　　张：8.25　插页：13
字　　数：240 千字
版　　次：2017 年 1 月第 1 版
印　　次：2017 年 1 月第 1 次
定　　价：38.00 元

本社网址：www.jccbs.com　微信公众号：zgjcgycbs
本书如出现印装质量问题，由我社市场营销部负责调换。联系电话：(010) 88386906

前 言

  黄河冲积平原位于华北冲积平原的中部，是华北陆台上的新生代断陷区，地壳表面以第四纪全新世形成的冲积土为主，地质年龄一般为 10000～15000 年，按其中的有机质含量可以分为两大类，第一类是不含或少含有机质的淤泥质黏土、黏土、粉质黏土、粉土、粗砂土、中砂土、细砂土和碎石土；第二类是含有大量有机质的泥炭土。

  由于黄河曾多次在华北平原上改道、泛滥，沉积物交错分布，泥沙淤积，加上风力、流水作用及人类活动的影响，致使平原上条状古河道高地、槽状古河道洼地、小型冲积扇、沙丘、沙岗、背河洼地等微地貌交错分布，变化十分复杂。

  从公路地基来看，黄河冲积平原区地基土层结构、强度及地下水位高程变化较大，各类土的容许承载力 $[f_0]$ 在 80～280kPa 之间，淤泥质黏土的容许承载力为 50～90kPa，其中软土地基占 50%以上。

  从填筑路基土料来看，主要为粉土、粉质黏土和粉砂，公路路基 60%由粉土填筑。粉土特殊的颗粒组成使其具有独特的工程性能，液限低、毛细管发育且连通、水稳性和强度稳定性极差，有较强的水敏性和冻敏性，采用粉土填筑路基不仅施工难度较大，且所筑路基弯沉值离差较大，强度也不均匀。因重交通循环动载作用，以及受雨水渗入和地下水位抬高的增湿作用，表现出工后路基非线性强度弱化，这种弱化既不均匀，又随道路运营期的延长有逐渐加剧的趋势。

  山东省境内的西南部有大面积的黄河冲积粉土分布，鲁西南地区已建的多条高速公路地质勘测报告表明，在地面以下 60m 深度范围内，地层主要由粉质土组成，占总含量的 80%以上，其他 20%为砂性土，少量的是一般黏土和淤泥质黏土。已建高速公路中因地基处理不当或路堤填筑质量较差，在通车 1～3 年内有些路段就出现路基结构和强度恶化，引起沥青路面出现不均匀下沉、裂缝、隆起等早期损害和前修后坏现象。路面平整度指标随运营通车时间的延长出现较大幅度的变化，特别是桥头跳车现象普遍，个别软基路段桥头跳车更加严重。这些工程从设计到施工都严格按照国家有关设计、施工规范进行，还会存在这些问题,主要原因有以下几点:(1)对黄河冲积平原冲积成层土公路地基固结沉降规律缺乏深入了解,因而采用的地基处理方法和具体施工方案不当;(2)对粉土工程性质和在荷载作用下路堤的压缩固结规律研究得不够深入,工程措施不力;(3)相关设计、施工规范有一定的局限性,造成道路设计和施工技术的局限;(4)重交通和水环境等外部因素的作用。

为了解决黄河冲积平原地区公路路基设计施工中所遇到的技术难题,提高公路工程质量,特撰写此书。

本书内容包括概论、济菏高速公路工程地质特征、公路软土地基处理方案优选理论、置换法处理公路地基浅层软土、堆载预压法处理公路软土地基、粉喷桩加固公路软土地基、鲁西南黄河冲积平原典型土类工程特性与路堤施工技术、利用前期勘测资料计算地基最终沉降量等。

由于作者水平有限,书中的不妥之处,恳请读者指正。

山东交通学院　杨红霞
2016 年 12 月

目　　录

1 概论 ··· 1
　1.1 黄河冲积平原的形成 ··· 1
　1.2 黄河冲积平原冲积土的成因 ··· 1
　1.3 鲁西南黄河冲积平原地基土的工程特性 ······························ 2
　1.4 鲁西南黄河冲积平原已建高速公路路基出现的问题 ············· 4
　1.5 菏东高速公路典型工程问题分析 ······································· 8
2 济菏高速公路工程地质特征 ··· 10
　2.1 沿线地形、地貌特征 ··· 10
　2.2 地质构造及岩性特征 ··· 11
　2.3 十一～十四合同段原状土工程特性试验成果汇总 ················· 12
3 公路软土地基处理方案优选理论 ··· 16
　3.1 软基处理方法和分类 ··· 16
　3.2 系统评分法 ·· 17
　3.3 多层次模糊综合评判法 ·· 19
　3.4 鲁西南黄河冲积平原常见不良路段地基处理 ······················· 25
4 置换法处理公路地基浅层软土 ·· 31
　4.1 开挖换土垫层法 ·· 32
　4.2 抛石挤淤法 ·· 38
　4.3 强夯置换法 ·· 43
　4.4 换土垫层法在鲁西南公路建设中的应用 ····························· 50
5 堆载预压法处理公路软土地基 ·· 53
　5.1 堆载预压法的原理及作用 ··· 53
　5.2 堆载预压法设计 ·· 56
　5.3 堆载预压法施工 ·· 66
　5.4 软基预压处理全过程监测 ··· 70
　5.5 工程实例 ··· 71
6 粉喷桩加固公路软土地基 ··· 77
　6.1 概述 ··· 77

- 6.2 水泥土物理力学性能试验 79
- 6.3 济菏高速公路粉喷桩复合地基现场试验 88
- 6.4 粉喷桩土复合地基的设计计算 94
- 6.5 复合地基优化设计实例 98
- 6.6 水泥土搅拌桩施工 101

7 鲁西南黄河冲积平原典型土类工程特性与路堤施工技术 103
- 7.1 低液限粉土 103
- 7.2 高液限黏土 114

8 利用前期勘测资料计算地基最终沉降量 118
- 8.1 标贯击数分层总和法计算地基最终沉降量 118
- 8.2 弹性标贯击数加权平均法计算地基最终沉降量 119
- 8.3 工程实例 122

参考文献 124

1 概 论

1.1 黄河冲积平原的形成

冲积平原是河流受构造运动、地形和人为因素等的影响，水流流速减缓，导致泥沙大量堆积而成。其形成条件有三个：①在地质构造上是相对下沉或相对稳定的地区，在相对下沉区形成巨厚冲积平原，在相对稳定区形成厚度不大的冲积平原；②在地形上有相当宽的谷地或平地；③有足够的泥沙来源。

华北平原由黄河、淮河、海河冲积形成。其中黄河冲积平原，位于华北平原中南部，海河平原和淮北平原之间，是黄河冲积形成的，地势低平，多在海拔50米以下，是典型的冲积平原，是黄河所带的大量泥沙沉积，多数地方的沉积厚达七八百米，最厚的一带达5000米。

黄河冲积平原是华北陆台上的新生代断陷区。平原的基底形成于太古代和元古代，覆盖层构造主要受燕山运动影响。中生代时期华北平原为隆起区，局部发育了断陷盆地。新生代以来，断块作用活跃，早第三纪时期形成一系列次级断陷盆地；晚第三纪和第四纪时期，堆积范围逐步扩大，形成连片的大平原，与此同时平原边缘断块山地相对隆起，大平原轮廓日趋鲜明。新生代相对下沉，形成较厚的沉积，局部沉积达千米。

黄河冲积扇的发育过程，也是黄淮海平原的形成过程。黄河冲积扇的发育经历了三个地质历史时期：①中更新世后期，黄河逾越三门湖进入华北湖，揭开了黄河冲积扇的发育进程。该期冲积扇在郑州以西形成黄河古阶地，郑州以东被晚更新世地层所埋藏。②晚更新世是黄河冲积扇形成的鼎盛时期，黄河冲积扇进入地质作用的加积阶段，扇区轴部和上部广泛沉积了厚度较大的砂层。③全新世时期黄河冲积扇的发育受自然因素和人类活动的双重影响，黄河多次大规模迁徙改道，泥沙淤积，扇面抬高，遗留下古河道高地和现今"悬河"等地貌景观。

1.2 黄河冲积平原冲积土的成因

黄河冲积平原以第四纪全新世形成的冲积土为主，是自然界最常见的土类之一。它是母岩经过强烈的物理化学和生物风化作用而形成的颗粒大小不等、未经胶结的松散体，其地质年龄一般为10000～15000年。按其中的有机质含量，可以分为两大类：第一类是不含或少含有机质的淤泥质黏土、黏土、粉质黏土、粉土、粗砂土、中砂土、细砂土和碎石土；第二类是含有大量有机质的泥炭土。

所有的冲积土都是受水流冲刷搬运并在一定环境中沉积下来，水流的冲刷和搬运是冲积土形成的动力条件，特殊的地形和静水是冲积土沉积的地形环境和水文环境，由于沉积条件和地质环境（如海滩、三角洲、河滩、沿河低洼地、河口湾、泻湖、湖泊、沼泽等）不同，其空间范围和天然性状也各异。

黄河冲积平原冲积土的来源主要是岩石风化的产物，因此其成分直接取决于母岩。而冲积土的类型，以及沉积后的物理化学演化，则与其沉积环境有着密切的关系。

1. 黄河水流冲积环境

通过黄河水流冲刷、搬运作用和沉积作用形成的冲积土被称为黄河冲积土。黄河水流冲积环境可分为：

① 黄河河床，包括临近流线的区域、河床边缘的沙滩和沙嘴。

② 天然冲积堤（河岸冲积土），由河床侧向泛滥形成的全部沉积物组成。

③ 泛滥平原（漫滩沉积土），包括溢出河床的泛滥期沉积物和河岸沉积物。

在河流下游靠近河口处，冲积物一般有很大的厚度和范围，因而被称为冲积平原。这类冲积平原的大部分沉积物由高洪水位期间的泛滥平原堆积物组成，并逐渐过渡到河流三角洲，往往不容易分辨出陆上和水下环境，所以山东的滨州、聊城、济南、泰安、济宁和菏泽地区黄河两岸的大片地域被称为黄河冲积平原。这些黄河冲积平原区主要由细粒沉积物堆积，其典型的粒径分布为：砂粒5%～10%、粉粒20%～60%、黏粒10%～40%，黄河冲积平原沉积物的中间粒径在0.005～0.06mm之间，有机质含量为0.5%～5%。它们多为含黏粒的悬液搬运，在适宜的条件下凝聚沉积而成。

黄河冲积平原冲积土都具有层理和纹理的特征，有时夹粗、中、细砂层，因而不会遇到很厚的均匀黏土的沉积层。这类黏土一般经受过干湿周期变化，因此黄河冲积平原在每一薄层形成后的几个月内遇到连续的干燥时，并不保持"软"的特性。

2. 黄河下游湖相沉积

湖相沉积如东平湖，其组成和构造特点是组成颗粒偏细、均匀、有机质含量较高、淤泥层较厚，不夹或少夹有砂层，且往往有厚度和面积大小不等的淤泥层或透镜体。

3. 黄河漫滩与古河道相沉积

黄河漫滩相沉积的工程地质特征是具有层理和纹理特性，有时夹砂层，不会遇到很厚的均匀沉积，有明显的二元结构。上部为粉质黏土、砂质粉土，微层理，一般厚度为3～20m；下部为粉砂、细砂。由于河流的复杂作用，常夹有各种成分的透镜体（淤泥、粗砂、砂卵石等），特别是局部淤泥透镜体的存在，造成地基不均匀、强度不一、承载力变化大（变化幅度可达60～200kPa）。

古河道牛轭河相沉积物一般由淤泥、淤泥质黏土及泥炭层组成，处于流动或潜流状态。它是由黄河河道淤塞沉积而成，工程性质与一般内陆湖相近，通常处于正常固结状态，液性指数在1.0左右。

苏北黄河古道、菏泽黄河古道或历史上经常决口地段，土层复杂，淤泥深，池塘较多，最深达20多米。

1.3 鲁西南黄河冲积平原地基土的工程特性

鲁西南位于山东西南部的黄河冲积平原上，地层为第四纪冲积物，填筑路基取土困难，填土多为黄河冲积粉砂土。在济聊、济德、菏东、济菏等高速公路的修建前期，对沿线进行了详细的地质勘察，揭示了深度约60m及局部更深的地层情况。通过现场试验和取原状样进行土工试验，取得了大量的勘察数据。资料代表了山东黄河冲积平原地基层状结构特征，各层土的土类及相应的物理力学指标、工程地质特性经汇总分析列于表1-1中（见书后插页）。从表中可以看出，鲁西南黄河冲积平原60m深度范围内，地层主要由粉质土组成，占总含量的80%以上，其他20%为砂性土，少量的是一般黏土和淤泥质黏土。

1.3.1 软土地基的概念

《建筑地基基础设计规范》(GB 50007—2011) 中，软土地基由淤泥、淤泥质土、冲填土、杂填土或其他高压缩性土层构成。

《公路桥涵地基与基础设计规范》(JTG D63—2007) 中，软土为滨海、湖沼、谷地、河滩等处天然含水量高、天然孔隙比大、抗剪强度低的细粒土，其鉴别指标应符合表 1-2 的规定，包括淤泥、淤泥质土、泥炭、泥炭质土等。

表 1-2 软土地基鉴别指标

指标名称	天然含水量 ω（%）	天然孔隙比 e	直剪内摩擦角 φ（°）	十字板剪切强度 C_u（MPa）	压缩系数 a_{1-2}（MPa^{-1}）
指标值	≥35 或液限	≥1.0	宜小于 5	<35kPa	宜大于 0.5

淤泥为在静水或缓慢的流水环境中沉积，并经生物化学作用形成，其天然含水量大于液限、天然孔隙比大于或等于 1.5 的黏性土。

天然含水量大于液限而天然孔隙比小于 1.5 但大于或等于 1.0 的黏性土或粉土为淤泥质土。

软土地基是指由软土及其他高压缩土层构成的地基。软土地基不能满足结构物要求，需要先经过人工处理，再建造基础，处理后的地基称为人工地基。如果天然土层能够满足结构物要求，就称为天然地基。

结构物对地基的要求有强度、变形和稳定性三方面。

关于软土地基的定义，各行业根据本行业的特点和习惯，其定义有所不同，划分的具体指标略有差异。

黄河冲积平原地层地质构造的特点是粉质砂土、粉土、粉质黏土、黏土、淤泥质黏土、细砂、中砂、粗砂等土类，在垂直方向成层分布，各层厚度不一，水平方向各层土厚度分布也极不均匀，各类各层土的物理力学性质相差悬殊，软土定义仅能说明某一层土为软弱土层或不是软弱土层，而无法判断某桩段地基是一般地基还是冲积软土地基。

因此对黄河冲积平原的软土地基判断，应同时考虑地层结构、各层土的物理力学性质、地基附加荷载大小、地基路基稳定性、施工期和工后沉降量大小等因素综合分析。可按式 (1-1) 判断，如果满足，则为天然地基，否则称为冲积软土地基。

$$\begin{cases} P_0 < [f_a] \\ S_{工后} < [S] \\ K > [K] \end{cases} \tag{1-1}$$

式中 P_0——公路地基附加荷载，kPa；

$[f_a]$——公路地基承载力容许值，kPa；

$S_{工后}$——工后路面实际沉降量，cm；

$[S]$——规范允许工后路面实际沉降量，cm；一般路段路面工后允许沉降量为 30cm，桥台工后允许沉降量为 10cm，箱涵等允许沉降量为 20cm；$[S]$ 的值也可由建设方确定，一般比规范要求值小；

K——施工期及工后路基整体或边坡实际稳定安全系数；

$[K]$——施工期及工后规范规定的路基边坡最小稳定安全系数，一般为 1.2。

1.3.2 黄河冲积平原软土地基的特点

1. 软土的特点

黄河冲积平原软土主要是指淤泥及淤泥质黏土,大多分布在黄河冲积平原的一些湖区和低洼地。如济菏高速公路 K133+000～K136+000 段,地下有淤泥及淤泥质土夹层,深度在地表以下 3.7～9.2m,夹层厚度在 2.2～4.8m;济聊、菏东高速公路也有类似的地层,仅埋深和厚度有一定的差异。这些天然结构的淤泥和淤泥质土具有以下相同的工程性质:

(1) 含水量高。一般淤泥和淤泥质土的含水量为 40%～70%,均大于液限(液限一般为 35%～57%)。天然含水量随液限的增加而增加。淤泥及淤泥质黏土的天然含水量的大小直接影响土的抗剪强度和压缩性,其含水量越高,地基承载力就越低。

(2) 松软、孔隙比大。淤泥及淤泥质黏土的孔隙比一般为 0.8～2.0,泥炭土和个别淤泥可达 6.0 以上,而且天然冲积软土的孔隙比往往要比同一垂直压力下的重塑土的孔隙比高出 0.2～0.4。

(3) 厚度差异大且分布不均匀。淤泥及淤泥质黏土层的厚度差异大、分布不均匀,易导致路基路面沉降的不均匀,将给软基处理施工、工后沉降的控制等带来一定的困难,特别是路堤填筑过程中的稳定性控制。另外,给解决桥头过渡段和含结构物路段的差异沉降及桥头跳车问题增加了难度。

2. 软基变形的特点

根据济德、济聊、菏东和济菏高速公路施工期和工后沉降观测资料的汇总分析,黄河冲积平原软基变形有以下特点:

(1) 当附加荷载相同时,鲁西南黄河冲积平原河相冲积软土变形量的绝对值与海滨软黏土地层变形量的绝对值相比,要小一些,但不均匀变形差值相对较大。这是因为沿路基纵向的地基土层厚度分布不均匀造成的,垂直向软土层厚度变化大,不均匀沉降必然增大。

(2) 压缩固结稳定所需时间不是太长。在未处理的天然地基中,所需时间约工后一年左右,最多的需三年,不像沿海地区的软黏土这一变形过程需要数年乃至数十年。

(3) 侧向变形较小。这是因为两个原因,一是地面以下 0～10m 土层饱和度较低,二是地基以砂质粉土、粉质土及粉质黏土为主,这几类土的泊松比一般在 0.25 左右。当然也有局部路段地层淤泥质黏土较厚且处于饱和状态,如路堤填土速率过大也会发生较大的侧向变形。

1.4 鲁西南黄河冲积平原已建高速公路路基出现的问题

从公路整体及其地基、路堤、路面结构、车辆荷载相互作用来看,黄河冲积平原公路地基可概括地分为以下四种类型。

(1) 天然地基:地基土层强度较高,且附加荷载较小,在道路的施工期和工后运行期,地基承载力、变形及稳定满足道路运营的要求。

(2) 桥头软基:虽然承载力、稳定满足规范要求,但沉降较大且不均匀,沿道路纵向或横向沉降差偏大,特别在桥头部位,因地基沉降引起路面出现不均匀沉降甚至裂缝等病害。

（3）相对软基：地基满足承载力及稳定要求，但不满足变形要求，特别是当附加荷载较大（填土路堤较高或超载严重）时，沉降和不均匀沉降就会增大，此种情况可称为相对软基。另外，当地基承载力、稳定性和变形量，无论哪一项不符合规范要求也可视为相对软基。

（4）绝对软基：对于一些淤泥或淤泥质土层的地基，即使为零填方路基，承载力、变形和稳定都不能满足要求，此种地基可称为绝对软基。

修建在后三种软地基上的公路工程，可能出现不同类型和不同程度的工程问题，主要有路基的稳定和沉降、对结构物影响、路面发生沉陷裂缝并引起路况恶化等问题。故在道路的设计或施工阶段需要进行地基处理，满足规范要求，以保证路况的稳定，使道路有良好的行车条件。

1.4.1 已建公路路基稳定性和沉降问题

1. 路基稳定性问题

（1）路基失稳类型。调查资料表明，发生在鲁西南高速公路建设和养护过程中的路基失稳破坏形式主要有两种类型：

① 刺入破坏，如图 1-1 所示。

② 圆弧滑动破坏，如图 1-2 所示。

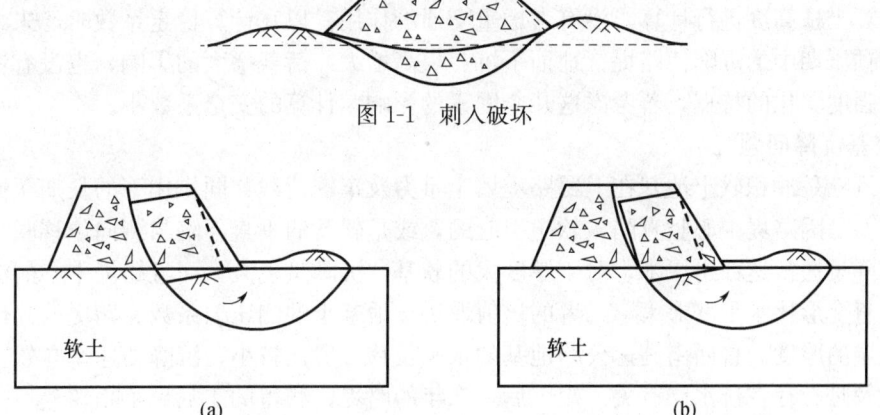

图 1-1 刺入破坏

图 1-2 圆弧滑动破坏

(a) 路堤中无牵引裂隙的圆弧滑动；(b) 路堤中有牵引裂隙的圆弧滑动

第二类破坏方式更为常见，它是部分路堤和地基土沿着破裂面发生位移的结果，其破裂面形式因地基的力学性质而异。计算时为简便起见，一般取破裂面为圆弧，即认为其是旋转滑动的。这种破坏可以由路堤上的加载或路堤坡脚的开挖引起。路基发生滑动破坏，引起路面错台、裂缝等病态，使路况恶化。

（2）对路基稳定性分析理论的反思。冲积软土路堤稳定分析方法，大多采用极限平衡原理，即根据土体沿着假想滑动面上的极限平衡条件进行分析。该方法中，由于条分法能适应较复杂的几何形状和各种土质及孔隙水压力条件，因而成为最常用的方法。在过去的几十年中，曾经提出过十几种条分法，其主要不同在于推求安全系数方程所用的方法不同（力平衡法或力矩平衡法）以及使问题静定化所用的假设不同。

目前，我国的工程单位进行稳定分析，大多数仍沿用古典的瑞典条分法。随着电子计算机的普及，开始采用简化 Bishop 法。当软土比较均匀、厚度较大时，实地勘测和试验表明其滑动面是一个近似圆柱面，切入地基一定深度；而对于软土厚度较浅或其间夹有软弱层时，滑动面不是连续的圆弧面，而是由不同的圆弧和一段沿软弱淤泥夹层的直线所组成的复合滑动面。

冲积成层软土地基上的路堤稳定分析成果的可靠性，在很大程度上取决于对抗剪强度试验方法和强度指标的正确选择，因为试验方法引起的抗剪强度的差别往往超过不同稳定分析方法之间的差别。根据有效应力的原理，只有有效应力才能引起抗剪强度的变化，所以从理论上讲，用有效应力法才能确切表示土的抗剪强度的实质；但是这种方法必须采用三轴剪切试验求得土体中的总应力和孔隙水压力，而土体中的孔隙水压力不是在任何情况下都容易测得的。总应力法的实质是依靠不同的试验方法得出适当的强度指标 C、φ 来代替具体情况下土体中孔隙水压力对强度的影响。在实际工程中，只能通过控制试件排水条件，使其与原位排水条件相似，从而使土体在剪切中的性状相同，总应力是近似地反映原位土体的工作状况。黄河冲积平原地基为成层分布土，各层土的物理力学指标差异很大，从鲁西南几条高速公路前期勘察资料可见，很少采用现场十字板剪切试验确定淤泥或淤泥质黏土的强度指标，也没有采用三轴剪切试验研究软土层的强度资料，加上粉质土路堤土体有增湿强度弱化的特点，因此进行路基稳定分析误差较大。

在进行稳定分析时，行车荷载（超载）的影响不可忽略，在工程中一般都采用规范规定的车载换算土柱高度进行计算，没有考虑重交通的作用。以往计算稳定系数时，未考虑填筑期及路堤预压期中的沉降使路堤（地面下沉、堤高增大）荷载增大的影响，也没有考虑路基土体增湿强度弱化的特点，若考虑这几个因素的影响，计算的安全系数小。

2. 路基沉降问题

路基沉降是冲积软土地基在上覆路堤填土重力及车辆荷载共同作用下的长期缓慢变形的结果。主要是因路堤中心竖直陷入软土引起的，或是软基的垂直下降与测向位移联合作用的结果。沉降量通常达数十厘米，对于厚度大的软基，沉降量更大，而且路堤中心的沉降比两侧大，垂直变形比水平变形大，二者的比值取决于地基土的侧压力系数、路堤的几何尺寸及地基软土层的厚度。鲁西南高速公路地基的水平位移一般比较小，沉降的速率与软土层的性质、厚度及是否存在排水层有关。竣工后一二年的路堤，测得的工后路面沉降达 3~6cm 的情况并不罕见，如菏东高速公路。

（1）对目前地基沉降计算理论的反思。地基沉降计算理论在许多情况下已能够预估出误差不超过 10%~20% 的最终沉降量，但是，预估沉降与时间的关系和实际情况相比差距较大。

地基沉降的理论分析方法可归纳为两种类型：一类是理论公式法；另一类是数值分析法。理论公式法建立在太沙基（Terzaghi）等人创立的经典土力学基础上，其中引入了许多简化假定。这类方法具有简便、直观、计算参数少等优点，因而在工程中得到了广泛应用。数值分析法是近代土力学研究的产物。20 世纪 70 年代，随着计算机和有限元应用技术的发展，可以将复杂的土工计算问题编制成有限元计算程序，通过计算机运算，从而得到较准确的计算结果。利用数值分析法，可以较全面地考虑土体的变形特性及其边界条件，理论上较严密。但这种方法有一定难度，缺乏理论公式法所具有的许多优点，因此在工程中未得到广泛应用。

近十几年来，对软土地基上的高速公路路堤进行了大量沉降观测工作，其成果为黄河冲积平原公路地基设计与施工提供了可贵资料，同时也为软基沉降计算方法的进一步革新或改进提供了基础。

（2）影响软土地基沉降计算的主要问题

① 土体自重应力的计算问题。鲁西南公路软土地基中地下水位较高，对于地下水位以下的土体，当其液性指数 $0<I_L<1$ 时，土颗粒是否受到水的浮力作用，浮力多大，无法确定，从而影响到土中应力计算，只能按对工程不利情况考虑。地基沉降计算中采用浮重度计算自重应力，对沉降计算结果产生较显著的影响。

② 公路地基附加应力随地基沉降变化的问题。当软土地基上的荷载是填土时，在施工期间实际填土荷载大于原设计荷载，另外当地下水位很高时，沉至地下水位以下的填土受到浮力作用，导致基底附加压力减小。对于前一因素，还缺少理论分析方法，工程中通常对地基沉降较大的情况做适当的经验修正，即所谓的超填修正问题。对于后一因素，Baligh（1978年）、朱向荣等人（1992年）针对地基一维沉降情况，给出了土中应力随地基沉降减小的计算方法。朱向荣等人的计算表明，土中应力的减小对软基沉降计算的影响较显著。此外，Olson和Ladd（1979年）也曾用有限差分法对此问题做了计算分析。其结果表明，较高的路堤，土中应力减小对地基沉降量的影响较之低路堤的小。

由地基沉降导致的超填荷载与填土浸水后受到的浮力作用，对沉降量的影响具有互补性。在沉降分析中应对这两方面的影响综合考虑。

③ 土体应力历史的影响问题。工程实践表明，鲁西南黄河冲积软土地基通常由多种土类且厚度不一的土层组成，其中一些土层可能处于超固结或欠固结状态。土体的应力历史不仅对地基沉降量产生影响，也影响土体的固结特性。如欠固结土，当地基上没有外荷载时，土中有效应力也在增加，直到有效应力增大到自重应力时，土体才完全固结。超固结土，只要外荷载引起的附加应力与自重应力之和小于或等于先期固结应力，土体的变形很小，可近似认为不产生排水固结变形。Olson 和 Ladd 研究了沉降-时间曲线对各种非线性 $e\text{-}\lg\sigma$ 关系曲线的敏感程度。结果表明，超固结黏土延缓了沉降过程。黏性土中初始水力梯度的存在，也是对沉降-时间关系曲线产生影响的重要因素。超固结土的初始水力梯度一般较大，土中水的渗流只有克服了土粒间结合水的堵塞才可能发生。当外荷载较小时，土中超静水压力不可能完全消散。对于一维最终沉降的计算已有了考虑应力历史影响的理论方法。对地基沉降-时间关系的分析，现有理论计算方法都未考虑应力历史的影响。

④ 加载方式和加载速度的影响问题。鲁西南高速公路实际施工中的加载方式变化很大，采用不同的加载方式和加载速率，地基的沉降-时间曲线显著不同。Terzaghi（1925年）、Sehiffman（1958年）以及 Olson 等人曾根据施工荷载直线增大的规律给出了地基一维固结沉降的计算方法及图解曲线。该方法属于线弹性变形理论。实际上加载是非等时的，每次加载后的间歇期不同，每次加载量也不相同。

1.4.2 淤泥质软土与结构物的相互作用问题

淤泥质软土地基的水平和垂直变形将影响到路堤附近结构物，如挡土墙、桥台，以及埋在填土路堤中的各种管线等。其影响分为两类：一类是软基破坏的影响；另一类是软基沉降的影响。

1. 软基破坏的影响

地基土的破裂在路堤和软土层中引起快速显著的运动，其结果表现为路堤的沉陷和天然地面的隆起。地基变形的结果还表现在桥梁桩基破坏、桥台和挡土墙的倾覆以及地下管线的损坏。

2. 软基沉降的影响

软基沉降的影响较为常见。因为结构物在设计时，通常考虑了较高的安全系数，而软基的沉降则是缓慢长期的，很容易被忽视或对其影响估计不足，如桥梁工程，在穿过软基的桥桩竣工后，进行路堤施工时，由于填筑时软基沉降，实际填土厚度比设计大，加大了对地基桥桩的水平和垂直作用力，特别是软基沉降对桩身产生的负摩擦力的影响，导致桥台锥坡的破坏，造成桥台的移位、桩基的沉降及桥台后梁的脱落和由于台背土压力对桥梁面板的挤压而产生的裂隙、鼓胀、接缝破坏等。

1.4.3 粉土填筑路基产生的工程问题

低液限粉质土作为黄河冲积平原公路地基组成的主要成分和填筑路堤的主要土料，由于其物理力学性质的特殊性，对公路路基的稳定、变形、工后路况都有很大的影响。

低液限粉土粒组成中，粉粒含量高达50%以上，黏土含量一般小于10%。粉土的颗粒组成决定了其工程性能既不同于黏土，又不同于砂土，具有独特的工程性能：毛细管发育且连通，水稳性和强度稳定性极差，路基弯沉值不均匀且离差较大，有较强的水敏性和冻敏性。更主要的是，粉土填筑的路基施工难度大，且工后因重交通循环动载作用，以及受雨水和地下水位抬高的增湿作用，表现出工后非线性强度弱化。这种弱化既不均匀，又随道路运营期的延长逐渐加剧，易引起沥青路面的早期损害和前修后坏现象。路面平整度指标随运营通车时间的延长出现较大幅度的变化，特别是桥头跳车现象普遍，个别桥头跳车严重，沥青路面出现不均匀下沉、裂缝、隆起等破坏现象。山东的济德、济聊高速公路等工程，在通车后出现的问题就是典型的特征。这些工程从设计到施工都严格按照国家有关规定进行，为什么还是存在这些问题呢？原因主要有两个：第一，对粉土路基工程性质研究得不够全面、不够深入，缺乏理论创新，勘察、设计、施工等环节有欠缺，工程措施不力；第二，有关规范的局限性，造成道路设计和施工质量有一定的偏差。济聊高速和济德高速出现的工程问题与菏东高速公路相类似。

目前国内外有关粉土的基本物理力学特性，例如颗粒组成和级配、流塑限、最优干密度、最优含水量等特征研究得比较多，有大量的文献资料；对粉质土的工程特性，例如渗透性、压缩特性、含水量变化对土体强度的影响等试验研究得相对较少；对黄河冲积土软基加固处理方案设计和施工方法、路基填筑所用土料含水量控制、碾实工艺，特别是对粉质土路基土体在车辆重荷载高频重复作用下，由于含水量的变化，其应力-应变规律、振动蠕变和长期强度弱化的规律、路基不均匀沉降规律、地基与路基不均匀沉降和沥青路面损坏及路况恶化的关系的研究就更少了，公开发表的文献资料也比较少见。

1.5 菏东高速公路典型工程问题分析

鲁西南黄河冲积平原从1998年—2002年相继建成通车的高速公路主要有济聊高速公路、济德高速公路、菏（菏泽地区）东（东明县）高速公路等。这些高速公路都在竣工通车后的早期（1～3年内）因地基与路基沉降和不均匀沉降或失稳造成路面不均匀沉降、面层出现裂缝以及桥台较为严重的跳车现象而进行了大修（面层加铺或洗刨后加铺），对个别路段的结构物进行了加固维修，台后填土进行了灌浆处理，造成了一定的经济损失和不良的社会影响。

例如菏东高速公路，属日东高速的 K376+000～K413+428 桩号段，在1998年10月竣工通车，2002年9月因路面工后沉降，特别是不均匀沉降，桥台跳车严重，全部加铺沥青混凝土4～6cm。加铺后，2006年5月路面又出现了一定程度的沉降，具体沉降数据见表1-3。

表1-3 菏东高速公路加铺后到2006年5月桥台后路面部分沉降情况表

桩号	测量部位	台后沉降差（mm）			台后填土路堤高（m）	路堤填土名称 JTG E40—2007 分类	台后搭板长度（m）
		超车带	行车带	停车带			
K389+098	0#台后	36	38	24	5.2	低液限粉土	5
	1#台后	52	50	23			
K399+308	0#台后	53	39	25	4.5	低液限粉土	5
	1#台后	50	36	20			
K412+338	0#台后	34	30	27	4.2	低液限粉土	5
	1#台后	40	25	30			

注：表中台后沉降差是指桥台台顶路面高程与距台背墙后1m路面高程之差，均为2006年5月现场测量数据。

据分析，造成菏东高速公路 K376+000～K413+428 路面工后沉陷和不均匀沉降的主要原因有三方面：第一，黄河冲积平原公路地基在工后因强度低和变形不均匀，出现了较大的工后残余沉降和沉降差；第二，工后重交通荷载及其在路面上的不均匀作用，如紧急停车带沉降量比超车带及行车带沉降量小，以及路面结构层的不均匀变形；第三，路堤施工质量较差，强度和变形不均匀造成工后的固结沉降。具体情况见表1-4（见书后插页）。

路堤填土最大干密度 γ_d 为 $1.76g/cm^3$，最优含水量为 14.6%。

$K=95\%$ 时，$\gamma_d=1.67g/cm^3$；$K=93\%$ 时，$\gamma_d=1.64g/cm^3$；$K=90\%$ 时，$\gamma_d=1.59g/cm^3$。

从表1-3可看出：①路堤填土以低液限粉土为主；②与设计干密度相比，通车后3年干密度偏低，且离散较大；③压缩性偏大，强度值偏小。因此，路堤发生较大的沉降，路面出现裂缝，路况恶化。

2 济菏高速公路工程地质特征

济南至菏泽高速公路是山东省交通"十五"发展规划及2010年发展目标"五纵连四横，一环绕山东"公路网骨架的重要路段，也是交通部规划的国家重点干线公路网布局中东营至香港（口岸）公路的重要组成部分。济菏路北接京沪（京福）、济南市绕城高速公路南段及济青高速公路，南连日东高速公路，是菏泽、济宁等地通往省会济南的交通捷径。

济菏高速公路的起点位于济南长清区平安店镇的潘村北，桩号K0+336.94，终点位于菏泽市巨野县境内，桩号K153+392.387，与日东高速公路相接，经济南、长清、平阴、泰安东平、济宁市汶上、梁山、嘉祥、菏泽市郓城、巨野等4市8个县，路线全长153.591km。全线采用对向四车道高速公路标准建设，设计时速120km/h，路基宽度28m，桥梁设计荷载为汽——超20，挂车——120，全线共有特大桥4721.4m/3座。

从平面位置图（图2-1）可看出，济菏高速公路斜穿鲁西南，加上已建的菏东等高速公路工程，是研究鲁西南黄河冲积平原公路地基比较理想的原型。

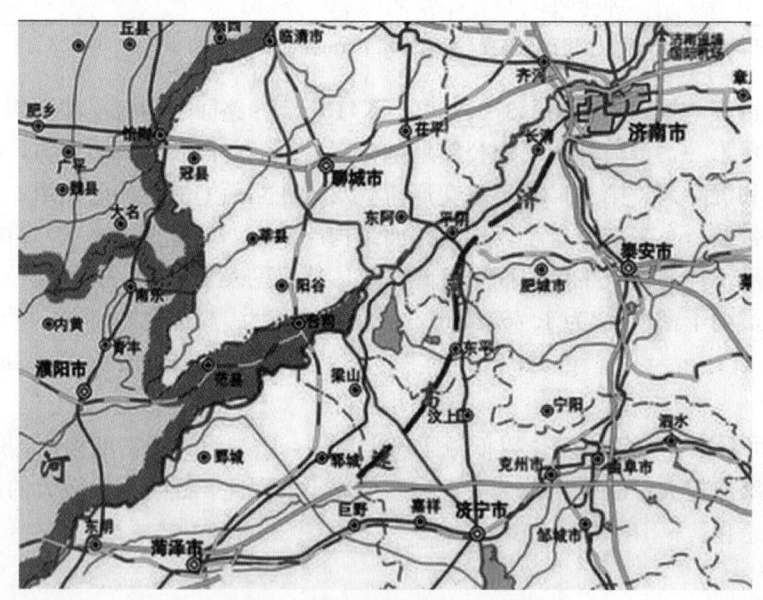

图2-1 济菏高速公路平面位置图

2.1 沿线地形、地貌特征

济菏高速公路地处黄河下游东部，地理位置介于东经116°05′～116°25′、北纬35°55′～36°35′之间，大部分为黄泛冲积平原，地面起伏不大，线位处海拔高程36～41m之间，地势平坦开阔，沿线属黄河水系灌溉区，其间沟壑纵横、村庄密集，道路网四通八达。该区域土质主要为粉质砂土、粉土、黏土、粉质黏土等。

2.2 地质构造及岩性特征

2.2.1 区域地质概况

鲁西南属丘陵区及黄泛冲积平原区，大地构造位置处于泰山隆起边缘，即鲁西北构造之济阳坳带南侧，与鲁西隆起之泰山—沂山隆起毗连。两者在地貌上构成南部剥蚀中低山区与北部沉积平原接壤；在构造上南部平缓的寒武奥陶系山脉与北部石灰二迭系阶梯状断层斜坡带相连。两大构造单元在古生代以前并无多大差异，自太古代结束地槽发育以后，没有经受强烈的构造运动，只是局部地区表现为平缓的上升或下降运动。中生代燕山运动断裂高度发育，鲁西北帚状构造则形成若干方向不同、规模不等的断陷盆地，而泰山—沂山隆起地区不断隆起。新生代喜马拉雅运动，使鲁西北帚状构造进一步强烈凹陷，接受了数百米至一二千米的第三、第四系沉积，而泰山—沂山相对隆起，塑造了南部山区与北部平原直接接壤的景观。现代黄河在华北平原上不断淤积泛滥，迁徙摆动，更加促进了华北平原的高度发育。

2.2.2 地质构造

沿线所处大地构造单元的位置属鲁西垒断的鲁西断块隆起的西缘，古生界沉积岩系构成盖层，地表为第四系松散土层，厚度约 150～400m。区内断裂构造主要为郓城断裂和巨野断裂。

（1）郓城断裂：郓城断裂从巨野县张官屯起，大体向东，穿越项目区嘉祥县黄垓乡和梁济运河，经南站、新驿，到曲阜以北，被第四系覆盖。总体走向东西，倾向北，倾角 80°～90°。

（2）巨野断裂：巨野断裂从巨野县西三贤庙起，大体向北，经于官屯，到张官屯以北，被第四系覆盖。总体走向南北，倾向南东，倾角 355°，距王官屯 3km。

区域资料表明，鲁西南断裂构造和地震活动自新生代以来，总体上较为明显，主要是升降运动，其次是地震，区内地震较频繁，本区为相对下降区。

2.2.3 地层岩性

沿线为第四系覆盖区，出露的地层主要为第四系粉土、黏性土、砂土等，厚度 150～400m。下伏基岩区域发育成第三系、古生界寒武-奥陶系沉积岩地层。

2.2.4 工程地质评价

根据野外地质钻探及结合室内土工试验等勘察资料综合分析，济荷高速公路地基勘探深度范围内地层岩性以粉性黏土及砂质粉土为主，河流附近内见砂层，地层具有结构复杂、多层次结构的特点，依据土的粒度、物质成分、土体沉积年代及岩性变化规律等，将项目区内揭露的土层自上而下分为两大类，即新近沉积土类（Q_2^{al}）和一般沉积土类（Q_4^{al}）。

第一大类：新近沉积土层（Q_2^{al}）。为黄河冲积及湖泊、沼泽相沉积土层，上部以砂质粉土为主，夹薄层粉质黏土；底部为有机质含量不规律变化的淤泥质黏性土。厚度约 6.0～10.0m，本层具有成层性好、分布较稳定等特点，土体结构松软、强度低，局部呈欠固结中-高压缩性。该类地基土容许承载力一般为 80～120kPa，桩周土极限摩阻力一般为 15～30kPa。

第二大类：一般沉积土层（Q_4^l）。为第四纪全新世中前期沉积土层，岩性以黏性土及砂质粉土为主，河流附近内见砂层，含少量姜石及贝壳碎片，砂土成层性差。该类地基土容许承载力一般为140～350kPa，桩周土极限摩阻力一般为35～80kPa。

根据《公路工程抗震规范》(JTG B02—2013)，按本地区抗震设防烈度提高一度的要求进行液化验算，结果表明部分路段上部饱和砂质粉土存在液化现象，液化等级多数为轻微～中等，局部特殊路段为严重。本项目构造物在基础选择及计算方面均已考虑了砂土液化现象。

2.2.5 河流水系及水文特征

沿线地形平坦，属黄河冲积地貌单元。地下水位埋深0.40～4.80m，地下水年变幅一般为2.5～3.0m，属第四系孔隙潜水，地下水主要依靠大气降水渗入补给及河水侧向渗透补给。

地下水化学类型阴离子以 HCO_3^- 为主，其次为 SO_4^-，阳离子以 Na^+ 为主，其次为 Mg^{2+}，无侵蚀性 CO_2，大部分地下水对混凝土无腐蚀性，局部地段因地下水水质污染，地下水对混凝土具有弱腐蚀性。

2.2.6 地震

根据1990年"中国地震烈度区划图"和《中国地震动参数区划图》(GB 18306—2001)，确定沿线地震基本烈度为Ⅶ度区，地震动峰值加速度分别为0.10g，地震动反应谱特征周期为0.45s。

2.3 十一～十四合同段原状土工程特性试验成果汇总

十一至十四合同段桩号在K104+970～K153+392.387之间，全长48.423387km，地处鲁西南黄河冲积平原，是典型的现场试验工程。

沿线的每一个结构物都布置了相应数量的钻探孔，孔深在40～70m之间，现场做了标准贯入试验，并取原状土样在室内进行各类土的物理力学试验。根据钻孔和室内试验数据，绘制十一至十四合同段地质结构纵剖面及典型钻孔柱状图与相应的各土层物理力学指标试验结果，见附图2-1和附表2-1～附表2-11（见书后）。

1. 沿线地层结构

总体来看，济菏路十一～十四合同段沿线地层属层叠状结构，一般地域由10多层不同的土类层叠而成，多的达30多层，各层土的厚度无论垂直方向还是水平方向变化都比较大，一般在0.1～7m之间，各层土的物理力学性质指标变化也比较大。

2. 沿线地层构成

沿线地层主要由12类岩土构成：种植土、素填土（或筑填土）、砂质粉土（Q_4^{al}）、粉质黏土（Q_4^{al}）、黏土（Q_4^{al}）、淤泥质黏土（Q_4^{al}）、粗砂（Q_4^{al}）、中砂（Q_4^{al}）、细砂（Q_4^{al}）、局部少量的高液限黏土（Q_4^{al}）、低液限粉质土（Q_4^{al}）、石灰岩层。

3. 沿线地基土层物理力学性质变化情况

济菏高速公路地基从地面往下总体上各层土的强度越来越大，变形模量越来越大，特别对同类土来说这个规律就更加明显。比如同为砂质粉土，第一层砂质粉土 $[f_a]$ =110kPa，第三层埋深8m的砂质粉土 $[f_a]$ =120kPa，第八层埋深22m的砂质粉土 $[f_a]$ =170kPa，第九层埋深27m的砂质粉土 $[f_a]$ =200kPa。其他土类因埋深不同也有类似的强度变化规律，因为 $[f_a]$ 是根据标贯击数 N 查表或经规范公式计算出来的，所以标贯击数随深度增加也有同样的变化规律。

(1) 从地面到 65m 深度，土层重度在 18.3～20.0kN/m³，干重度在 14.0～16.2kN/m³。但从地面到 20m 深度，重度从 18.3kN/m³ 增加到 19.7kN/m³，离散比较大；从深 20m 至深 65m，基本在 19.7kN/m³ 左右，变化不大。从地面到 20m 深，干重度从 14.0kN/m³ 增加到 15.8kN/m³；从深 20m 至深 65m 变化不大，干重度在 15.8kN/m³ 到 16kN/m³ 之间。

(2) 从地表到 10m 深度，土层压缩模量在 4.95MPa 到 10.5MPa 之间，离散比较大；从 10m 深度到 65m 深度的土层压缩模量 E_s 从 4.95MPa 线性增加到 10.0MPa。从地面到 65m 深度 E_s 的加权平均值为 8.51MPa。在计算地基沉降时可采用以下两种途径：

① 取压缩深度内压缩模量的加权平均值，按均质地层计算地基沉降量。

② 依据 E_s 随深度变化的点状图，采用目估法或最小二乘法画折线图，0～10m 可画一条直线，10m 至压缩层深度可画出一条直线，然后按非均质地层一维固结理论计算地基沉降量。

(3) 压缩系数 a_{1-2}，从地面到 65m 深度其值在 0.1～0.46MPa^{-1} 之间变化，从地面到 15m 深度离散性比较大，从 15m 深开始离散性变小，基本上是线性的，从 0.23MPa^{-1} 减少到 0.17MPa^{-1}，总趋势是随深度增加，a_{1-2} 逐渐变小。所以取 a_{1-2} 作地基沉降计算的指标，计算沉降量偏大，且结果误差也较大。

(4) 孔隙比 e，从地面到 20m 深其值从 0.92 降低到 0.68，从 20m 深直到 65m 深，e 值基本变化不大，保持在 $e=0.67\pm0.02$。因此可以采用折线法表示孔隙比 e 随深度的变化规律，结合压缩试验结果 e-p 或 e-$\log p$ 曲线计算地基的沉降量。

(5) 抗剪强度指标之一黏聚力 c 值随深度的增加可分为两段。0～15m 深度，其值从 16kPa 增加到 42kPa；15～65m 深度，其值从 12kPa 增加到 62kPa。在两个深度段基本上是线性变化。摩擦角 φ 值从地面到深 15m 深度，其值在 6°～28°，离散性比较大，但从 15～65m，其值在 13°±2°，离散性很小。

(6) 因沿线路基填筑土料取至地表以下 5m 以内，根据地质勘察资料，该地层大多为砂质粉土、低液限黏土和低液限粉质土。

各物理力学指标沿地层深度变化如图 2-3～图 2-11 所示。

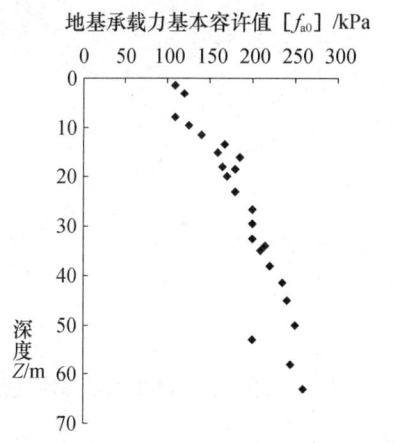

图 2-2 地基承载力基本容许值随深度变化

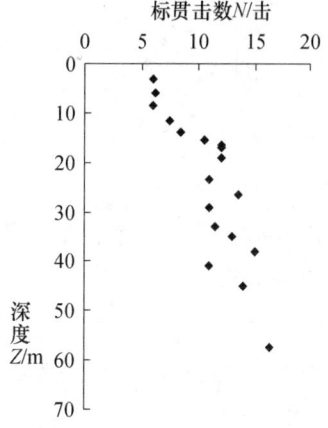

图 2-3 标贯击数随深度变化

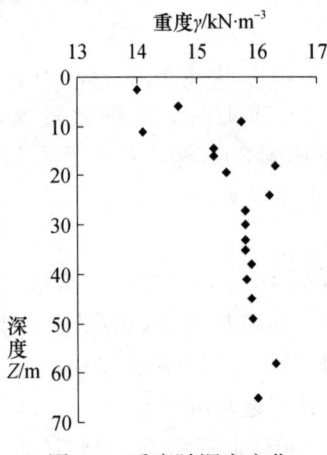

图 2-4 重度随深度变化

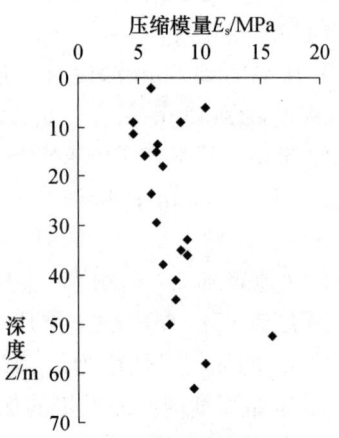

图 2-5 压缩模量随深度变化

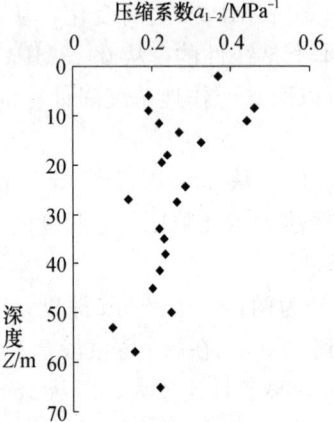

图 2-6 压缩系数随深度变化

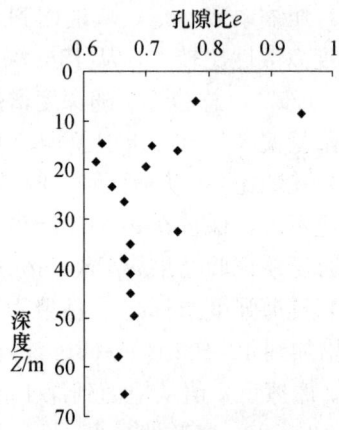

图 2-7 孔隙比随深度变化

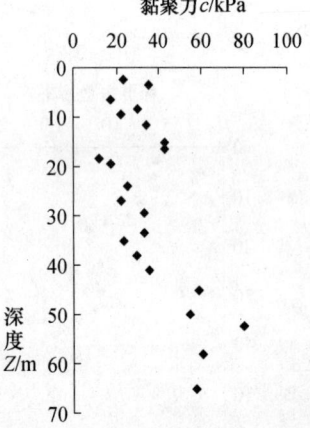

图 2-8 地层土黏聚力随深度变化

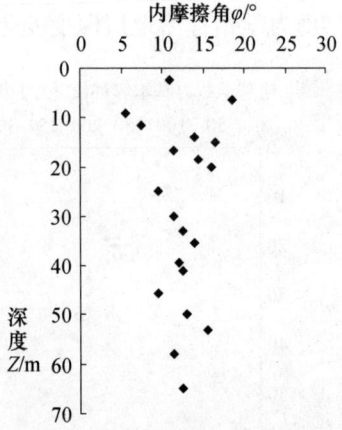

图 2-9 地层土内摩擦角随深度变化

2 济菏高速公路工程地质特征

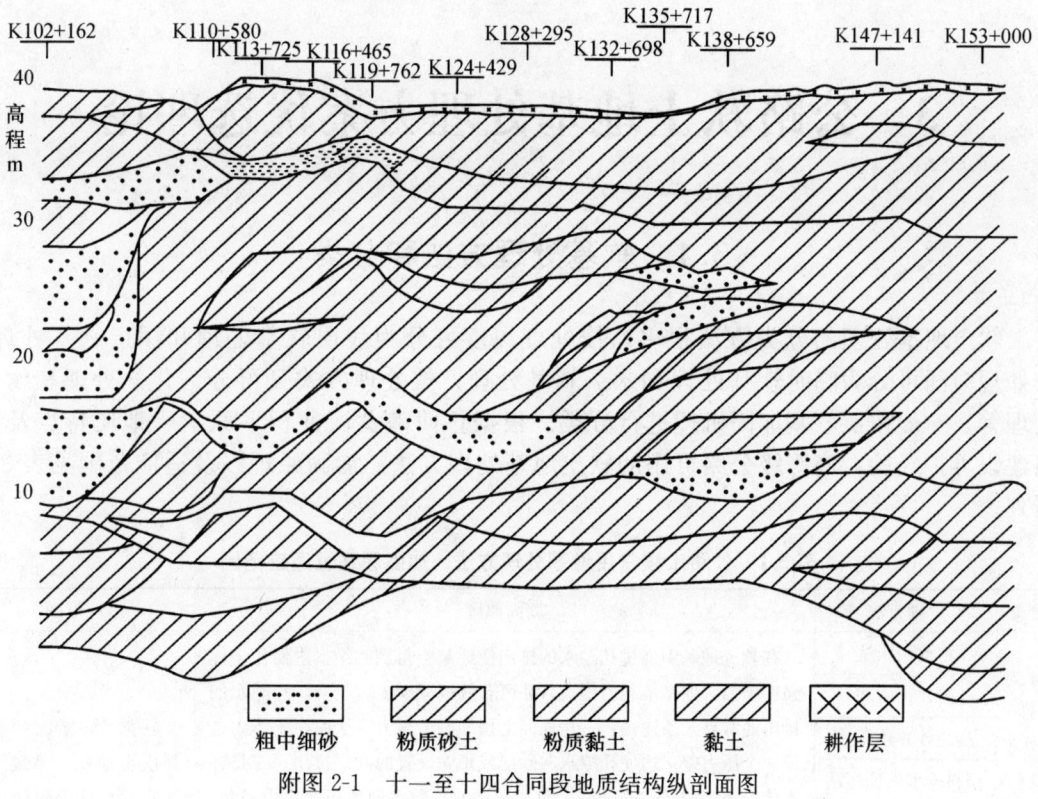

附图 2-1　十一至十四合同段地质结构纵剖面图

3 公路软土地基处理方案优选理论

3.1 软基处理方法和分类

软土地基处理的分类方法很多，按处理深度可分为浅层软基处理和深层软基处理；按处理时间可分为临时软基处理和永久软基处理；按处理方式又可分为化学处理和物理处理等。一般按照软基加固机理进行分类。根据鲁西南黄河冲积平原工程地质特点及公路建设养护经验，高等级公路可用的软土地基处理方法、加固原理以及适应范围见表3-1所列。

表3-1 公路工程常用地基处理方法、加固原理及适应范围

分类	处理方法	加固原理	适应范围
排水固结法	堆载预压法 砂井预压法 袋装砂井预压法 塑料排水板预压法 降水预压法 真空预压法 电渗预压法	在软土地基中通过孔隙水的排出使地基土得到固结，进而使土体强度增强，地基承载力提高，并可有效地减少工后沉降。孔隙水的排出通常有三条途径：一是地面上预加一个压力，从而在土体内造成一个压力差，迫使孔隙水向砂层或预先设置的滤层排出；二是在土体内规定的部位施加一个负压，诱使孔隙水向负压区集中排水；三是利用电能在土体内造成一个电势差，驱使孔隙水排出。排水固结法设计理论比较成熟，但是这类方法的加固时间较长，堆载和超载预压所需载重物较多，造价较高，正在逐渐失去其优势	软黏土、淤泥和淤泥质土地基，等载预压在鲁西南公路建设中应用较多
置换	换土垫层法	换土，挤淤，强夯置换	
桩土复合地基法	CFG桩	利用振动打桩机击沉直径300～400mm的桩管，在管内边振动边填碎石、粉煤灰、水泥和水按一定比例配合的材料，形成半刚性的桩体，与原地基形成复合地基，也可用其他方法成孔	淤泥、杂填土、黏性土
桩土复合地基法	深层搅拌桩	以水泥、石灰等材料为固化剂，利用深层搅拌机械对原位软土进行强制搅拌，经过物理化学作用形成较坚硬的拌合桩柱，与原地基形成复合地基，提高软土地基的承载能力，减少地基沉降量	
桩土复合地基法	高压喷射注浆法	利用钻机把带有喷嘴的注浆钻管钻进至预定土层的位置后，再以20MPa左右的高压将配制好的填料从喷嘴中喷射出来冲击并破坏土体，在喷射提升过程中与周围土体混合形成桩土固结体	淤泥、淤泥质土、黏性土、人工填土
桩土复合地基法	碎石桩	利用成孔过程中沉管对土的横向挤密及振密作用，使土体向桩周围挤压，桩间土体得以挤密，同时分层填入并夯实碎石，使桩与土形成复合地基	松散非饱和黏性土、杂填土、湿陷性黄土
桩土复合地基法	砂桩	用水力振冲器或沉桩机成孔，填砂料，并振密，使之置换部分软黏土并使土中水分逐渐排出而固结，以提高地基承载力	软弱黏性土
桩土复合地基法	钢渣桩	用振动打桩成孔灌注工艺将废钢渣分批投入并振密，直至成桩，与原地基土一起形成复合地基，提高地基承载力	

续表

分类	处理方法	加固原理	适应范围
改善地基应力条件法	反压护道法	在路堤的两侧（或一侧）填筑适当高度与宽度的护道，路堤填土在护道荷重的作用下所形成的反向力矩平衡其滑动力矩，从而保证路堤的稳定	
	土工材料加固法	将土工材料铺设在加固软土地基与路堤之间，通过土工材料将上部填料的垂直变形向水平方向扩散，使上部填料的抗剪变形能力得到充分发挥，以达到提高承载力的目的	砂土、黏性土、软土
动力挤密法	强夯法	将一定质量的夯锤从一定高度自由落下，反复夯击地面，地基土在强夯的冲击力与振动力共同作用下得到振实挤密，从而提高地基的承载能力，降低其压缩性	杂填土、非饱和黏性土、湿陷性黄土
	重锤夯实法	利用起重机械将重锤提升到一定高度，然后自由下落，反复夯实地基后，地基表面形成一层比较密实的土层，从而提高地基表面土层的强度	地下水位以上稍湿的黏性土、湿陷性黄土、杂填土和分层土
	爆破法	利用钻孔等办法将一根根管子按一定间距打设在需要加固的土层的某一位置，然后将炸药填入管中，按预定的方式引爆，土体在冲击波的作用下被压实，使地基强度得到提高	饱和砂土地基
	机械碾压法	利用压路机、推土机等机械设备来回开动压实地基土，每次压实深度为30～40cm，分层铺土，分层碾压	浅层非饱和软弱地基、湿陷性黄土地基、膨胀性地基、杂填土
	挤密砂桩（碎石桩、石灰桩、土桩等）	利用挤密或振动使深层土密实，并在挤密或振动过程中，回填砂、碎石、石灰、灰土等材料形成砂桩、碎石桩等，与桩间挤密土体形成复合地基，提高地基承载力，减少沉降量，消除或部分消除土的湿陷性或液化性	杂填土、松散砂土，石灰桩使用于软弱黏性土

3.2 系统评分法

任何一种软基加固方法都不是万能的，各种方法都有一定的适用条件和范围。对具体的软基加固工程，应综合考虑各方面的因素，如设计施工、场地环境、上部结构和荷载作用、软土性状、经济技术以及工期条件等。因此，在决定软基处理方案前必须进行详细的调查研究。

3.2.1 调查研究的内容

1. 地基条件

地基条件包括地形及软土成因、地基成层状况；软弱土层厚度和所在深度、不均匀性和分布范围；持力层位置及状况；地下水情况及地基土的物理和力学性质。如软弱土层厚度较薄时，沉降量少，滑动破坏危险性小，可采用简单表层处理；软土层较厚时，则按加固土的特性与地下水位的高低采用排水固结法、挤密桩法等。如果遇到砂性土地基，应主要考虑砂土液化问题。若软基中局部地方有含水量过高的泥炭，透水性小，一旦扰动则强度迅速降低，一般采用置换法处理。如遇杂填土地基，在一般情况下采用深层挤密法。如遇软土层中夹有砂层，则一般不需要设置竖向排水井。

2. 场地环境条件

在地基处理施工中应考虑场地的环境影响。当采用堆载预压时，将会有大量土方运进输出，既要有大量堆放场地，又不能影响交通；采用高压喷射注浆或石灰桩时，有时会污染周围环境；采用水泥深层搅拌桩（干喷技术）时，对施工人员的健康有一定影响。施工对场地的环境影响不是绝对的，应慎重对待和妥善处理。

3. 施工条件

当要求施工工期较短时，则不宜采用堆载预压法；当工程场地附近有石料供应时，应考虑采用碎石桩和碎石垫层等方案。

4. 道路条件

道路条件是指道路性质、公路路基几何形状和尺寸及公路位置等。

3.2.2 评分优化法

通过系统工程的分析原理，采用直观评分优化法对各种判断因素进行定量分析，选择软基加固方法。

评分优化法首先对影响处理方案选择的因素进行定量分析；再针对其在具体工程实际中所占的重要程度分别赋予不同的权值；最后利用数学统计方法计算各种方案的总评价值，其中最大分值者为最优方案。各方案的总评价值计算公式如下：

$$W_i = \sum_j a_{ij} w_j \tag{3-1}$$

式中 a_{ij}——分项评价值，按表 3-2 取值；

w_j——重要程度（权重），一般取 $w_j = 2^{n-1}$，其中 n 取值见表 3-3。

表 3-2 评价值

评价指标	方案指标程度及相应得分					
技术可靠性	极可靠	很可靠	可靠	一般	无把握	不安全
施工复杂程度	很简单	简单	较简单	一般	很复杂	极复杂
造价高低	最低	低	一般	高	很高	最高
工期长短	很短	短	一般	长	很长	极长
适应地基变形情况	完全适应	很适应	适应	一般	不适应	很不适应
材料用量	最少	很少	少	一般	多	最多
材料来源	很方便	方便	一般	远	很远	不能用
土方工程	最少	小	一般	大	很大	最大
国内经验	很丰富	丰富	有经验	一般	经验少	无经验
引进设备	不需要		可不引进			非引进不可
公害大小	无公害	公害小	公害一般	有公害	公害大	公害很大
得分（a_{ij}）	5	4	3	2	1	0

表 3-3 重要级别划分（权重）

级别	级数 n	权重 w_j	评价指标中各等级的意义
极重要	5	16	缺少本项，本方案就不能进行
很重要	4	8	是方案的必要因素，如缺少会有严重缺陷
重要	3	4	是方案的重要因素，如缺失会造成一大缺点
应考虑	2	2	是方案考虑的因素，方案的意义、功能、价值会因之更大
意义不大	1	1	有无对方案的功能利弊影响不大

当单一方案无法满足稳定与沉降要求时，可考虑多种措施组合应用，注意发现搜集软基试验或工程施工过程中，影响设计的各种因素的变化，必要时应补充勘探、试验并修改原设计，做到动态优化。

此法的缺点是权重分配很难合理。

3.3 多层次模糊综合评判法

在鲁西南黄河冲积平原的公路软土地基处理方案的选择中，需要考虑许多因素的影响，其中有定量的因素，也有非定量的因素，对所采用方案类型的决策，主要是考虑非定量因素。模糊理论是对非定量问题进行分析的有效方法，同时，由于影响公路软基处理方案的因素众多，层次分析法可以将选择最优地基处理方案这一目标分成几个层次进行研究，从而将复杂的决策问题简单化、直观化。因此，将模糊理论和层次分析法二者相结合，建立关于选择公路软基处理方案的多层次模糊综合评判模型，较好地解决公路软基处理方案的优选问题。

3.3.1 多层次模糊综合评判步骤

软土地基处理方案优选考虑的因素很多，带来的问题就是权重分配很难合理。因此，确定公路软土地基处理方案时，需将考虑的所有因素按照一定关系分成不同的层次，逐层进行评判，即建立多层次模糊综合评判模型。具体的评判步骤如下：

(1) 已知有限集合 U：$U=\{u_1, u_2, \cdots, u_n\}$，$u_i$ 为被评价因素（着眼因素），$i=1, 2, \cdots, n$。有限集合 V：$V=\{v_1, v_2, \cdots, v_m\}$，$v$ 为不同的评价指标等级（抉择评语），$j=1, 2, \cdots, m$。

(2) 首先对 U 中的 u_i 做单因素评判，从着眼因素 u_i 确定该事物对抉择评语 v_j 的隶属度 r_{ij}，建立从 U 到 V 的模糊映射，求出模糊关系 R，即单因素评判矩阵。R 表示如下：

$$R=\begin{bmatrix} r_{11} & r_{12} & \cdots & r_{1m} \\ r_{21} & r_{22} & \cdots & r_{2m} \\ \vdots & \vdots & & \vdots \\ r_{n1} & r_{n2} & \cdots & r_{nm} \end{bmatrix} \quad (3-2)$$

(3) 确定权重分配向量 A。多因素综合评判时，因各个因素在总评价中的影响程度不一样，存在一个模糊择优问题。引入论域 W 上的模糊子集 A，即

$$A=(a_1, a_2, \cdots, a_n) \quad (3-3)$$

其中，A 为 W 的因素重要程度模糊子集；a_i 为模糊子集的第 i 个因素。

$$0 \leqslant a_i \leqslant 1, \text{且} \sum_{i=1}^{n} a_i = 1$$

(4) 综合评判。当模糊向量 A 和模糊关系矩阵 R 已知时，做模糊变换来进行综合评判。对方案进行综合评判时，计算公式为：

$$B = A \cdot R = (b_1, b_2, \cdots, b_m) \tag{3-4}$$

(5) 计算综合评价指数。

$$S = BC^T$$

其中，C 为等级矩阵，由影响因素的评语等级确定；C^T 为 C 的转置矩阵。

对每个方案重复步骤（1）～（5），计算各自的综合评价指数 S。可根据具体情况对各步骤多次循环，直到得出满意的综合评价结果，即根据综合评价指数 S 的大小，选出最佳方案。

3.3.2 多层次模糊综合评判模型的建立

1. 影响因素层次分析

选择公路软土地基处理方案影响因素时，为减少不必要的重复，同时避免遗漏，就必须了解对方案产生影响的因素及其影响程度，就要分析因素间的并列关系与从属关系，将一些性质相同的因素归并，求出能基本体现方案的特性。

进行方案评判时，应将技术可行性和经济合理性列入第 1 层次。此外，随着社会经济的发展和人民生活水平的提高，环境质量越来越受重视，所以工程对周围环境的影响也列入第 1 层次（准则层）。

综合各种影响因素，再分出第 2 层次（指标层）。该层是影响方案选择的一些主要的具体因素，包括定量指标（如软土层厚度、硬壳层厚度、路基填土高度等）和非定量指标（如工艺复杂性、施工对环境的影响等）。层次结构模型如图 3-1 所示。

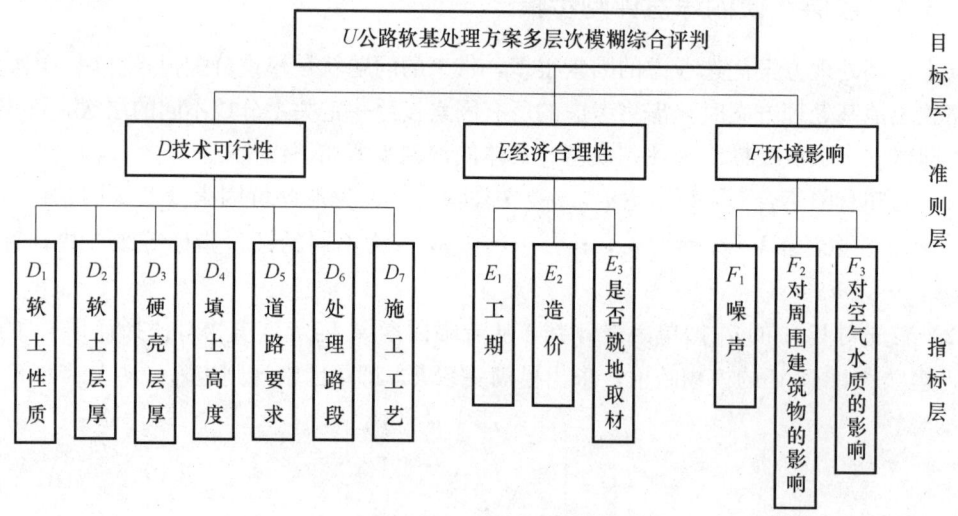

图 3-1 方案评判的层次结构模型

2. 影响因素权重确定

影响公路软土地基处理方案各因素的地位不等，权重确定非常重要。权重确定采用层次分析法，具体步骤如下：

（1）形成判断矩阵。任何系统分析都以一定的信息为基础，层次分析法的信息基础主要是对每一层中各因素的相对重要性给出判断，这些判断通过引入合适的标度因数值表示，形成判断矩阵。一般引用 A. L. Satty 教授建议的 1～9 的整数及其倒数的标度方法。该方法将这些定性语言量化，并引入函数 $f(x, y)$，表示对同一层次而言因素 x 比 y 的重要性标度。若 $f(x, y) > 1$，说明 x 比 y 重要，若 $f(x, y) < 1$，说明 y 比 x 重要，当且仅当 $f(x, y) = 1$ 时，说明 x 与 y 同等重要，且约定 $f(y, x) = 1/f(x, y)$。

标度的含义见表 3-4。

表 3-4　层次分析法相对重要性判断标度

x, y 相比较	说明	$f(x, y)$	$f(y, x)$
x 与 y 同等重要	x, y 对目标有相同的贡献	1	1
x 比 y 稍微重要	x 的贡献稍大于 y，但不明显	3	1/3
x 比 y 明显重要	x 的贡献明显大于 y，但不十分明显	5	1/5
x 比 y 十分重要	x 的贡献十分明显大于 y，但不特别突出	7	1/7
x 比 y 极其重要	x 的贡献以压倒优势大于 y	9	1/9
x 比 y 处于上述两相邻判断之间	相邻两判断的中值	2, 4, 6, 8	1/2, 1/4, 1/6, 1/8

公路软基处理方案多层次模糊综合评判模型准则层的 3 个因素中，技术可行性比经济合理性稍微重要，比环境影响明显重要；而经济合理性与环境影响相比较，介于同等重要和稍微重要之间，确定其判断矩阵 U 为：

$$U = \begin{bmatrix} 1 & 3 & 5 \\ 1/3 & 1 & 2 \\ 1/5 & 1/2 & 1 \end{bmatrix} \quad (3-5)$$

按同样的方法，确定在准则层技术可行性、经济合理性、环境影响下，各个指标层的判断矩阵 D、E、F 如式 (3-6) ～式 (3-8) 所示。

$$U = \begin{bmatrix} 1 & 2 & 5 & 2 & 4 & 3 & 5 \\ 1/2 & 1 & 4 & 1 & 3 & 2 & 4 \\ 1/5 & 1/4 & 1 & 1/4 & 1/2 & 1/3 & 1 \\ 1/2 & 1 & 4 & 1 & 3 & 2 & 4 \\ 1/4 & 1/3 & 2 & 1/3 & 1 & 1/2 & 2 \\ 1/3 & 1/2 & 3 & 1/2 & 2 & 1 & 3 \\ 1/5 & 1/4 & 1 & 1/4 & 1/2 & 1/3 & 1 \end{bmatrix} \quad (3-6)$$

$$E = \begin{bmatrix} 1 & 1 & 3 \\ 1 & 1 & 3 \\ 1/3 & 1/3 & 1 \end{bmatrix} \quad (3-7)$$

$$F = \begin{bmatrix} 1 & 1/2 & 1/3 \\ 2 & 1 & 1/2 \\ 3 & 2 & 1 \end{bmatrix} \quad (3-8)$$

(2) 层次单排序及一致性检验。计算式 (3-5) 的排序权向量 w、最大特征根 $\lambda_{\max}$、一致性比例 $C.R.$，计算过程如下：

① 将判断矩阵 U 的元素按行相乘，即 $\begin{bmatrix} 1 & 3 & 5 \\ 1/3 & 1 & 2 \\ 1/5 & 1/2 & 1 \end{bmatrix} \rightarrow (15 \quad 2/3 \quad 1/10)$；

② 将①中矩阵所得到的乘积分别开 $n=3$ 次方根，即（15 2/3 1/6）→（2.466 0.874 0.464）；

③ 将方根向量归一化，即得到排序权向量 w，即将矩阵（2.466 0.874 0.464）归一化，计算得到 $w_U=$（0.648 0.230 0.122）；

④ 按公式 $\lambda_{max}=\sum\limits_{i=1}^{n}\dfrac{(Aw)_i}{nw_i}$ 计算，则最大特征根 $\lambda_{max}=3.004$；

⑤ 按公式 $X.I.=\dfrac{\lambda_{max}-v}{n-1}$ 计算，则一致性指标 $C.I.=0.002$；

⑥ 从龚木森、许树柏（1986 年）得出的 1~15 阶重复计算 600 次的平均随机一致性指标表可知，当 $n=3$ 时，$R.I.=0.52$；

⑦ 按公式 $C.R.=\dfrac{C.I.}{R.I.}$ 计算，则一致性比例 $C.R.=0.0038<0.1$，故判断矩阵 U 满足一致性要求。

同理，得到判断矩阵式（3-6）~式（3-8）的解及一致性检验结果。

对式（3-6）：$w_D=$（0.314 0.198 0.047 0.198 0.075 0.121 0.047），$\lambda_{max}=7.091$，$C.I.=0.0152$，$R.I.=1.36$，$C.R.=0.011<0.1$，故判断矩阵 D 满足一致性要求。

对式（3-7）：$w_E=$（0.429 0.429 0.142），$\lambda_{max}=3.000$，$C.I.=0$，$R.I.=0.52$，$C.R.=0<0.1$，故判断矩阵 E 满足一致性要求。

对式（3-8）：$w_F=$（0.163 0.297 0.540），$\lambda_{max}=3.009$，$C.I.=0.0045$，$R.I.=0.52$，$C.R.=0.0087<0.1$，故判断矩阵 F 满足一致性要求。

3. 评语隶属度确定

公路软基处理方案中难以定量评价的影响因素可采用模糊评语表示，评语用很好、好、较好、一般、较差、差、很差 7 个等级描述，所代表的意义见表 3-5。

表 3-5 地基处理方案影响因素评语

评判指标	评价等级						
	很好	好	较好	一般	较差	差	很差
软土性质	很适用	适用	较适用	一般	较不适用	不适用	很不适用
软土层厚							
硬壳层厚							
填土高度							
道路要求							
处理路段							
施工工艺	很简单	简单	较简单	一般	较复杂	复杂	很复杂
造价	很低	低	较低	一般	较高	高	很高
工期	很短	短	较短	一般	较长	长	很长
是否就地取材	全部用	绝大部分用	大部分用	部分用	少部分用	很少部分用	全不用
噪声	很小	小	较小	一般	较大	大	很大
对周围建筑物的影响							
对空气、水质的影响							

再把每个评语等级看作一个模糊向量,分值为 $Z=\{-3,-2,-1,0,1,2,3\}$,等级矩阵为 $C=(-3\ -2\ -1\ 0\ 1\ 2\ 3)$。评语隶属度分布见表 3-6。

表 3-6 地基处理方案评语隶属度表

专家评语	隶属度							语言描述	变化 R_i
	-3	-2	-1	0	1	2	3		
很好	0	0	0	0	0	1/3	2/3	很大程度上属于 3 级	R_1
好	0	0	0	0	1/4	1/2	1/4	很大程度上属于 2 级	R_2
较好	0	0	0	1/4	1/2	1/4	0	很大程度上属于 1 级	R_3
一般	0	0	1/4	1/2	1/4	0	0	很大程度上属于 0 级	R_4
较差	0	1/4	1/2	1/4	0	0	0	很大程度上属于 -1 级	R_5
差	1/4	1/2	1/4	0	0	0	0	很大程度上属于 -2 级	R_6
很差	2/3	1/3	0	0	0	0	0	很大程度上属于 -3 级	R_7

3.3.3 实例分析

济菏高速公路 K135+717 桩段工程地质条件见表 3-7,经初选拟采用加固土桩、粉喷桩、竖向排水体方案进行地基处理。

表 3-7 地基处理方案评判影响因素

道路等级	桩号	路段	上覆土层情况	填土高度 (m)	软土厚度 (m)	物理指标	
						天然含水量(%)	天然孔隙比
高速公路	K135+717	桥头路段	砂质粉土 4.4m	5.8	4	51.9	1.353

3 种方案的经验评语根据实践经验确定,采用表 3-5 所示的 7 等级划分法,结果见表 3-8。

表 3-8 指标评语等级汇总

序号	主因素	权重值	子因素	权重值	经验评语		
					加固土桩	粉喷桩	竖向排水体
1	技术可行性	0.648	软土性质	0.314	很适用	很适用	很适用
2			软土层厚	0.198	适用	很适用	一般
3			硬壳层厚	0.047	较不适用	适用	较不适用
4			填土高度	0.198	适用	很适用	一般
5			道路要求	0.075	适用	很适用	一般
6			处理路段	0.121	适用	很适用	适用
7			施工工艺	0.047	较复杂	复杂	简单
8	经济合理性	0.230	造价	0.429	高	较高	低
9			工期	0.429	短	短	较长
6			是否就地取材	0.142	全用	大部分用	全用
11	环境影响	0.122	噪声	0.163	小	大	很小
12			对周围建筑物的影响	0.297	很小	小	很小
13			对空气、水质的影响	0.540	一般	很小	很小

综合价值指数计算如下（以加固土桩为例）：

（1）确定准则层的技术可行性评判矩阵。

根据表 3-8，加固土桩软土性质的评价等级为很适用，查表 3-6 得到其单因素评价的模糊向量是 $\{0, 0, 0, 0, 0, 1/3, 2/3\}$；同理可以得到软土层厚、硬壳层厚、填土高度、道路要求、处理路段、施工工艺等因素评价的模糊向量。故技术可行性的评判矩阵 R_1 为

$$R_1 = \begin{bmatrix} 0 & 0 & 0 & 0 & 0 & 1/3 & 2/3 \\ 0 & 0 & 0 & 0 & 1/4 & 1/2 & 1/4 \\ 0 & 1/4 & 1/2 & 1/4 & 0 & 0 & 0 \\ 0 & 0 & 0 & 0 & 1/4 & 1/2 & 1/4 \\ 0 & 0 & 0 & 0 & 0 & 0 & 0 \\ 0 & 0 & 0 & 0 & 1/4 & 1/2 & 1/4 \\ 0 & 1/4 & 1/2 & 1/4 & 0 & 0 & 0 \end{bmatrix}$$

权重向量为 $A_1 = (0.314 \quad 0.198 \quad 0.047 \quad 0.198 \quad 0.075 \quad 0.121 \quad 0.047)$。

综合评判为 $B_1 = A_1 \cdot R_1 = (0 \quad 0.024 \quad 0.047 \quad 0.024 \quad 0.148 \quad 0.401 \quad 0.357)$。

（2）同理可得准则层经济合理性综合评判为：

$$B_2 = A_2 \cdot R_2 = (0.67 \quad 0.214 \quad 0.67 \quad 0.67 \quad 0.262 \quad 0.202)$$

（3）同理可得准则层环境影响综合评判为：

$$B_3 = A_3 \cdot R_3 = (0 \quad 0 \quad 0.135 \quad 0.270 \quad 0.176 \quad 0.180 \quad 0.239)$$

（4）整个准则层的综合评判为：

$$B = (0.648 \quad 0.230 \quad 0.122)$$

$$\begin{bmatrix} 0 & 0.024 & 0.047 & 0.024 & 0.148 & 0.401 & 0.257 \\ 0.67 & 0.214 & 0.67 & 0 & 0.67 & 0.262 & 0.202 \\ 0 & 0 & 0.135 & 0.270 & 0.176 & 0.180 & 0.239 \end{bmatrix}$$

$$= (0.025 \quad 0.065 \quad 0.072 \quad 0.048 \quad 0.142 \quad 0.342 \quad 0.307)$$

（5）计算综合评价指数：

$$S_1 = BC^T = (0.025 \quad 0.065 \quad 0.072 \quad 0.048 \quad 0.142 \quad 0.342 \quad 0.307)$$
$$(-3 \quad -2 \quad -1 \quad 0 \quad 1 \quad 2 \quad 3)^T$$
$$= 1.470$$

同理计算得到粉喷桩、竖向排水体的综合评价指数分别为 $S_2 = 1.788$，$S_3 = 1.239$。

（6）优化评判。将以上 3 种方案的综合价值指数的计算结果比较，可以得到 $S_2 > S_1 > S_3$。

可以看出，粉喷桩的综合价值指数最高，加固土桩的综合价值指数次之，竖向排水体的综合价值指数最低，故将粉喷桩方案作为最优方案，加固土桩也是可选的方案。

3.3.4 建议

（1）公路软土地基处理方案的选择是一项复杂的系统工程，要想获得满意的效果，必须考虑多因素的综合影响。但由于岩土工程中各种因素具有的不确定性，难以定量分析，而将模糊理论和层次分析法两者相结合，建立相应的评判模型，可以较好地解决这一问题。

（2）对影响软土地基处理方案选择的各因素进行分析，能确定评判层次和影响因素；评语隶属度采用模糊理论确定，各影响因素的权值采用层次分析法确定，工程实例计算结果表明所采用的方法是合理可行的。

3.4 鲁西南黄河冲积平原常见不良路段地基处理

3.4.1 洼地积水路段

据统计，目前鲁西南地区已建成通车的济聊、济德、济菏等多条高速公路，有几十千米修建在洼地积水地区。洼地积水地区地表多为幼林地和小积水坑，表层 0～50cm 为黑色种植土，其下为黄褐色黏质土。干旱时地表干燥，土质较好，雨季地表大部分积水，经几个月的雨水浸泡，土质已饱和，地表土失去承载能力。洼地积水区路基填筑一般都无法进行正常施工，必须提前处理。

（1）按地表积水和地表土工程特性可分为四种情况，应分别采用相应的方法处理。

① 地表积水深度在 30cm 以下，土质呈软塑状，地表潮湿，有一定承载力。采用清淤后，填石方高出现有水面 50cm，处理宽度到路基坡脚以外每侧 2m。

② 地表积水深度 30～70cm 不等，土质呈流塑状，表层失去承载力。采用两侧修筑围堰，围堰设在路基边线以外 1m 处，围堰顶宽一侧 3.5m，另一侧 8.0m（考虑作施工便道用），围堰高度高出洼地积水区域设计水面 50cm。根据抽水后的实际情况，确定清淤换填方法。如果水能完全抽干，抽干后晾晒几天，然后用挖掘机或推土机清除被水浸泡变软的表层土，根据地质资料清除流塑状和承载力小于 100kPa 的土层，然后填片石高出洼地积水区域设计水面 50cm，片石上填 30cm 级配碎石整平层，之上做 60cm 厚 8% 石灰土，目的是增加基底的整体强度，且能有效地隔断毛细水上升，增加路基的整体稳定性；如果水不能完全抽干，可以边抽水、边清淤、边换填。清淤将表层 50～60cm 的淤泥清除即可，清到原状土为原则。

③ 地表积水深度 60～100cm 不等，土质软塑状，表层失去承载力。采用两侧修筑围堰，围堰设在路基边线以外 1m 处，围堰顶宽一侧 3.5m，另一侧 8.0m（考虑作施工便道用），围堰高度高出洼地积水区域设计水面 50cm。抽干地表积水，清除被水浸泡变软的表层土，根据地质资料清除流塑状和承载力小于 100kPa 的土层；如果水不能完全抽干，可以边抽水、边清淤、边换填，将表层 50～60cm 的淤泥清除即可，清到原状土为原则。然后填片石高出洼地积水区域设计水面 50cm，片石上填 30cm 级配碎石整平层，之上做 60cm 厚 8% 石灰土。目的是增加基底的整体强度，且能有效地隔断毛细水上升，增加路基的整体稳定性。

④ 地表积水深度大于 100cm 不等，土质软塑状，表层失去承载力。采用两侧修筑围堰，围堰设在路基边线以外 1m 处，围堰顶宽一侧 3.5m，另一侧 8.0m（考虑作施工便道用），围堰高度高出洼地积水地区设计水面 50cm。应多用几台抽水机抽水，根据抽水后的实际情况，确定清淤换填方法。如果水能完全抽干，那么抽干后晾晒几天，然后用挖掘机或推土机并根据地质资料清除流塑状和承载力小于 100kPa 的土层；如果水不能完全抽干，可以边抽水、边清淤、边换填。监理结合施工方案的实施情况，加强旁站和检测验收。然后填片石高出洼地积水地区设计水面 50cm，片石上填 30cm 级配碎石整平层，之上做 60cm 厚 8% 石灰土，其上填土，至原地面石灰土层位标高时再做一层 60cm 8% 石灰土，与原地面石灰土处理在同一平面上。目的是增加基底的整体强度，且能有效地隔断毛细水上升，增加路基的整体稳定性。

（2）洼地积水地区按路基侵水路堤设计，即两侧边坡率均为 1:2，两侧均设置 2m 宽的反压护道，反压护道高度由设计洪水标高进行设计。

（3）洼地积水地区全段路基两侧均采用浆砌片石防护，砂垫层，在砂垫层与路基边坡坡面间加一层防水土工布。

（4）路基填筑时应按软弱土路基填土速率进行观测，确保路基正常填筑。

（5）换填最底层的厚度宜控制在50～60cm，以上其他各层的填筑厚度、粒径等执行石方路堤施工标准，填筑高度为水面以上50cm。

如最底层一次抛石厚度等于大于2.5m，则抛石顶面应进行重夯以达到抛石嵌挤稳定密实，施工时根据试验确定锤重、重夯次数及检测参数。

（6）洼地积水地区通道、排水设施等。要整体提高通道、涵洞的标高，并相应调整被交道的纵断设计，完善该段的排水设施；根据现场实际情况考虑适当增加涵洞通道，涵洞宜采用箱涵，取消盖板涵设计；改变防护形式，增加防护数量。在重点路段可考虑采用集中排水形式增设集水坑，以便以后再遇到大雨时，水能及时排入集水坑，保证通道的正常使用。

（7）洼地积水地区公路的结构物台背回填可用坑塘处理同种换填材料（或砂砾）进行，填料粒径不得大于10cm。

3.4.2 鱼塘、沟、坑、洞、穴等不良地基处理

1. 鱼塘

目前鲁西南地区鱼塘水深度一般在3～4m不等，需要进行特别处理。处理方法为抽水、清淤、换填片石，根据抽水后的实际情况，确定清淤换填方法。如果水能完全抽干，抽干后晾晒几天，然后用挖掘机或推土机根据地质资料清除承载力小于100kPa的土层；如果水不能完全抽干，可以边抽水、边清淤、边换填。监理结合施工方案的实施情况，加强旁站和检测验收。这样可减小施工难度，片石厚度以能够碾压达到稳定为宜，厚度一般在2.5m左右，片石碾压达到稳定后，片石上做60cm石灰土，石灰土上填土，至原地面标高时再做一层60cm8%石灰土，与原地面石灰土处理在同一平面上，然后再进行路基填筑。

2. 沟、坑、洞、穴等不良地基

如果沟、坑、洞、穴内已有自然或人工饱和杂填土充满，则采用换填处理。坑塘换填施工时，坑塘四壁必须开挖台阶，并同时进行压实，第一层若稳压不住，可以选用粒径较大的石料（按层厚50cm，石料最大粒径不超过层厚的2/3控制），其余各层必须按石方路基施工规范要求施工，砂砾填料粒径不得大于10cm。也可采用注浆加固。注浆加固是用混有水泥黏合剂的颗粒材料充填沟、坑、洞、穴内已有自然或人工杂填土孔隙，加固后成为相对不易压缩体。注浆颗粒材料为砂、粉煤灰、黏土等。

鱼塘、沟、坑、洞、穴等不良地基段可考虑铺设土工格栅和土工布，防止不均匀沉降。

3.4.3 采空区地基处理

1. 采空区地基处理措施

鲁西南地区采空区地基处理措施主要有三类：全部充填采空区支承上覆岩体；注浆加固和强化采空区围岩结构，增强其稳定性；局部支承上覆岩体或地面结构物。

（1）充填法。对于柱式开采的浅部老采空区，由于存在较大的空洞，易在地面形成漏斗塌陷坑，对公路及其附属建筑设施的危害极大。一般处理措施是对老采空区进行灌浆充填，充填方式可采用柱式充填、全部充填等。

柱式充填是在地面布置格子状钻孔，注入粉碎过的矿渣、砾石等填料，然后注入水泥浆或粉煤灰-水泥浆液固结填料形成灌注桩，同时用浆液加固采空区上方的破碎岩层。此法主

要用于道路结构物下伏采空区地基空洞的加固处理。

全部充填是采用填料和浆液将所有的采空洞全部回填，以防止老采空区塌陷。根据充填材料和施工方式不同，充填方法可分为注浆充填、水力充填和风力充填等。全部充填方法的优点是由于采用了较便宜的填料，如粉煤灰、砂、黏土等，所以单位体积的材料成本低，对材料质量限制较小，只要这种混合浆液便于用泵注入就行。缺点是需要在处理区周边设置的阻挡墙可能难以完全封闭，导致浆液损失。在充填方式上，可采用坡面垂直钻孔注浆和斜钻孔注浆或井下直接充填两种方式。

（2）注浆加固和强化采空区围岩结构。对于采深相对较大、煤柱稳定性较好的部分开采采空区，可采用注浆加固采空区上部破裂带和弯曲带上覆岩体的措施，使之形成一个刚度大、整体性好的岩板结构，有效抵抗老采空区塌陷的向上发展，使地表只产生相对均衡的沉降，保证地面设施的安全和正常使用。

（3）局部支承上覆岩体或地面建筑。局部支承上覆岩体或地面建筑，就是在采空区进行局部充填或支护，减小采空区空间跨度，防止顶板的垮落。常用的方法包括注浆柱、井下砌墩柱，使道路不受老采空区"活化"的影响。

注浆柱法是在路基坡面布置格子状倾斜钻孔，然后在坡脚以外布竖孔。首先注入粉碎过的矿渣、砾石等填料，然后注入水泥浆或粉煤灰-水泥浆液固结填料形成灌注柱来支承上覆顶板，减小采空区内巷道的跨度，并同时用浆液加固采空区上方的破碎岩层。优点是不需要灌注阻挡壁，并且根据荷载大小、分布和老采空区塌陷危险程度灵活设计柱间距。缺点是完工之后没法可靠地检查砾柱是否与顶板接触牢固，并且随着采空区空洞高度的增大，注浆柱本身的体积急剧增大，增长到一定程度后，该方法与其他方法相比就不经济了。

井下砌墩柱是指在矿井采空区内用砌筑钢筋混凝土墩、料石墩或砖墩支承上覆岩层，减少采空区的跨度。该方法处理后的质量较易检验，但仅适用于老采空区可以进入、顶板条件较好和材料便于运输等条件下。

2. 采空区地基处理范围

参照已有的工程实例和铁路下采煤的相关规范，采取如下的确定方法。

如图3-2所示，假设路线中轴线与煤层走向（AOB）垂直，煤层倾角为α。根据采空区沿倾向方向治理长度计算简图3-3，采空区沿倾向方向治理长度为：

$$l \geqslant b + 2h\cot\varphi + H_1\cot\gamma + H_2\cot\beta \tag{3-9}$$

式中　l——沿煤层倾向方向治理长度，m；

H_1，H_2——倾斜断面上山和下山方向煤层开采深度，m，从基岩面起算；

β，γ——煤层下山和上山方向基岩移动角；

φ——第四系移动角；

b——煤层沿倾向采宽，m。

采空区治理宽度的计算应用应力扩散角法进行。煤层水平开采、填方路堤情况下计算简图如图3-4所示，计算公式如下：

$$l \geqslant B + 2b + 2c + 2h\cot\varphi + 2(H_0 - h)\cot\beta \tag{3-10}$$

式中　l——沿煤层走向方向治理宽度，m；

B——路基设计宽度，m；

H_0——路堤下方开采煤层的平均采深，m；

b——填方路基的护坡宽度，m；

c——填方路基外保护带宽度，m；
δ——开挖沉陷走向方向基岩移动角。
挖方路堤情况与填方路堤情况计算类似。
上述为简单地层条件下的计算方法，复杂地质条件下治理范围往往结合数值模拟综合确定。

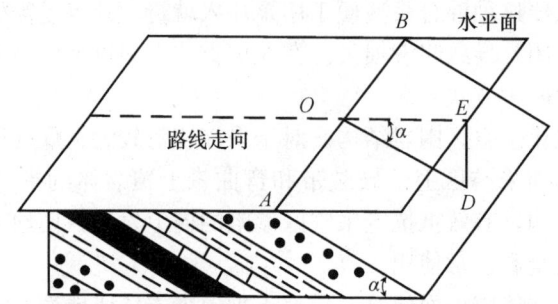

图 3-2 公路与采空区（煤层）走向关系示意图

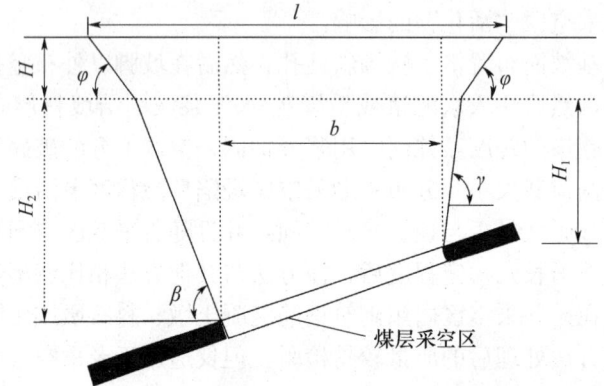

图 3-3 采空区沿煤层倾向方向治理长度计算示意图

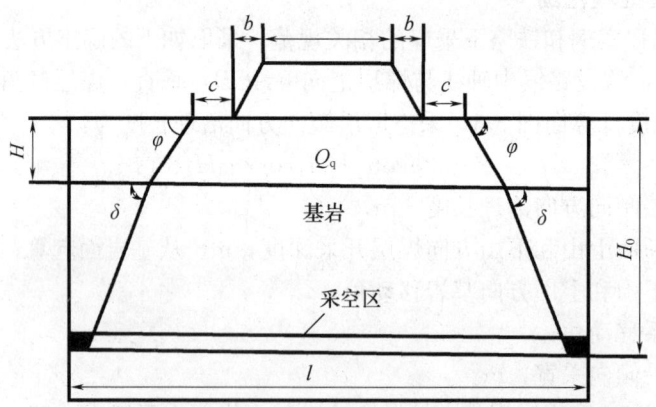

图 3-4 公路下伏采空区沿煤层走向治理宽度计算示意图

3. 注浆处理采空区设计施工

注浆加固是改善岩体结构及其性质的有效措施。它是利用浆液把采动破裂岩体中的裂缝、离层、弱面等充填并和四周岩体重新胶结起来形成一个整体，因而提高老采空区上覆岩体的整体稳定性和强化其力学性能，改善其物理性能，增强其承载能力。

（1）全充填注浆加固作用。一般采空区垮落带破裂岩体下部呈散体结构，上部呈碎裂结构，岩块间空隙大、连通性好，在外力作用下将产生压密和位移。在采取全充填注浆时，较稠的浆液在重力作用下首先充填残留空洞和较大空隙，注浆时基本无阻力，注浆速率较高，直至浆液注满整个垮落带。在浆液开始灌注断裂带裂隙后，注浆速率将明显降低，同时随着浆液扩散距离的增大，浆液沿程压力衰减增大，注浆开始有压力并逐渐升高，直至浆液充满整个钻孔。

全充填注浆的注浆材料宜选用粉煤灰、细砂和水泥浆混合液。浆液析水固结后自身具有一定的强度和黏结作用，使整个采空区和覆岩中的采动裂隙充分充填、固结。

在不需要对大面积整个采空区进行全部充填注浆时，可根据地面结构物或者公路路基的影响范围确定需处理的采空区范围，在处理区边界以较密的钻孔注浆形成阻隔墙。为防止浆液扩散过远，可采用间歇式注浆方式，形成阻隔后，再在处理区域内进行全充填灌注。

（2）断裂带块裂层状结构注浆加固。断裂带岩体呈块裂层状结构，岩体块度较大，强度较高。在采空区边界附近上方，岩块间相互咬合形成砌体梁式半拱结构，由于各层断裂块度、层厚、刚度的不同，层间还存在大量离层裂缝。浆液注入后，在重力作用下沿竖向裂缝向下部垮落带渗透，可采用加大浆液浓度和间歇分段式注浆技术控制浆液大量下渗，待初期注入浆液基本凝固后，继续注浆充填断裂带离层裂缝和竖向裂隙，直至充满注浆段。浆液凝固后靠其充填和黏结作用将断裂带破裂岩块重新胶结为整体岩层，具有较高的自身稳定性和承载能力，可控制上覆岩体和路基均匀沉降。

注浆材料宜选用水泥-砂混合浆液或水泥浆液，必要时可加入少量添加剂以加速凝结。浆液的浓度根据钻孔单位吸浆率调整。注浆的层位一般应选在断裂带的中、上部。

（3）弯曲带离层裂缝注浆加固。弯曲带岩体主要为较完整层状结构，由于各岩层刚度、强度的差异，在弯曲下沉时，发生层间错动和离层裂缝。浆液注入后首先沿开度较大的离层充填、扩散，注浆速率较高。随着浆液扩散距离的增大，浆液沿程压力衰减增大，注浆开始有压力并逐渐升高。在一定注浆压力作用下，浆液渗透进入错层裂隙和层理、节理面，固结后的浆液依靠其充填和黏结作用将填满离层裂缝并将发生层间错动的岩层和软弱层理、节理面固结为整体岩层，提高其自身稳定性和承载能力，并控制路基均匀沉降。

公路工程中，全充填注浆加固方法的应用最为普遍，以下简要介绍该方法的设计及施工工艺。

（4）设计计算方法。

① 采空带注浆量预测：

假设采空区在煤层采出后经一定时间塌陷冒落，现存空洞体积为 V，则

$$V = V_0 - \Delta V \tag{3-11}$$

式中　V_0——煤层采出后的采空区体积，m^3；

ΔV——至处理前为止已沉降变形的冒落碎胀岩石体积，m^3。

$$V_0 = S \times H \times K \tag{3-12}$$

式中　S——采空塌陷区面积，m^2；

H——煤层采厚，m；

K——回采率。

② 裂隙、溶洞注浆量预测：

假设采空区裂隙带高度为 H'，裂隙、溶洞体积发育率为 α（即占总体积的百分率），注浆时实际可能填充率为 β，则该部分灌注量 V' 为：

$$V' = S \times H' \times \alpha \times \beta \tag{3-13}$$

③ 浆液实际消耗量计算：

假设浆液结石率为 δ，上述两部分的设计充填率为 ζ，则浆液实际消耗量 V'' 为：

$$V''=[(V+V')\times \zeta]\delta \tag{3-14}$$

以上方法适合单层采空区无水情况。对于多层富水复杂采空区，各层采空区间距较大时，可分层计算；相贯通时，可合并成一层计算。由于地下水黏滞阻力，必然影响浆液的流动性能及扩散范围，最终影响浆液的充填，要结合室内外试验确定注浆量。

（5）布孔方式

① 公路路基填筑范围内为采空区处理重点，各排孔（垂直或斜）间距应较小。路基两侧保护带为辅助治理部位，孔间距相对较大。具体间距根据现场试验确定。

② 如果能确定矿井巷道的确切位置，注浆孔要布置在巷道上，对于小煤窑，难以确定其确切位置，一般根据路基病害情况布孔。

③ 治理范围边缘部位布置边缘帷幕孔，以防浆液流失。孔间距一般较小，采取前后交错布置方式。

（6）排水设计。富水地区，注浆时会出现浆液离析、难以下达到孔底等不良现象，甚至造成地层上抬、地面大量开裂，从而导致后期地表沉降过大，地下水上升，破坏环境。通常在注浆过程中对地下水采取如下措施进行处理：

① 采取合适的注浆施工顺序。可以在外围做一封闭式的注浆孔排，以防止浆液向外流失，并在某一面保留一个出口，以排出地下水。为防止地下水对浆液的稀释，在中间孔注浆时，应先从中间一排开始，然后依次向外注浆。

② 利用地下水作为施工用水，抽注结合。

③ 严格控制注浆压力的变化情况，当压力突升时应停止注浆。如发现地表有裂缝或隆起变形现象，停止注浆。

（7）浆液配合比设计

① 浆材选择。采空区充填注浆，一般用普通水泥、黏土、粉煤灰、砂等作为充填材料。

② 浆液配合比。浆液配合比通过配合比试验及现场可注性试验来确定，要求水泥用量尽量少，应考虑设计及施工在凝结时间、结石率及结石体强度等方面的要求。

③ 注浆参数的确定。浆液有效扩散半径：由于采动裂隙和采空带的存在，浆液运移具有明显的方向性，用有效扩散半径或扩散距离表示。工程中计算浆液扩散半径的几种理论方法（如球形扩散）并不适于采空区注浆的计算。采空区不同，受注段空隙的大小、连通情况不同，浆液的扩散距离也不相同。

注浆压力：注浆压力决定浆液的有效扩散半径和充填、压密的效果。压力大，浆液扩散距离大，空隙中浆液充填程度高。但压力超过受注层的强度时，可能导致地层结构的破坏，对地层的稳定不利。设计中，注浆压力的选择以不破坏地层的结构为原则。

（8）注浆施工工艺设计。注浆施工时，一般先施工边缘孔，以形成有效的止浆帷幕，阻挡浆液外流；然后施工中间注浆孔。钻孔分序次间隔进行，一般分二到三序次成孔。一序孔对采空区可以起到补勘的作用，根据实际地层及采空区情况对后序孔的孔位、孔距、孔数进行适当调整，以弥补均匀布孔设计的不足。注浆工作也应间隔式分序再次充填，从而提高充填率。倾斜煤层采空区应先施工沿倾向深部采空区边缘孔，采取从深至浅的施工序次。

① 单层采空区：一次成孔，一次全灌注施工。

② 多层采空区：一次成孔，全孔一次灌注或分段成孔，分段灌注施工。

4 置换法处理公路地基浅层软土

置换法又称换填法,是将地基表面以下一定深度范围内的软弱土层或不良土层全部或部分挖去或挤除,然后分层回填强度较高的材料,并夯(压、振)实,形成强度较高的地基。主要有开挖换土垫层法、抛石挤淤法和强夯置换法。

置换法主要用于处理深度在 3m 左右的浅层软土软基。

置换法是较传统的软基处理方法。由于原理简单,施工技术难度小,是浅层软基处理的首选方法之一。

1. 置换法的基本原理及分类

置换法加固原理是根据土中附加应力分布规律,让换土部分承受上部较大的应力,软弱层承受较小的应力,以满足设计的要求。换土与原土相比,具有承载力高、刚度大、变形小的优点。用砂石换土还可以提高地基的排水固结速度,消除膨胀土地基的胀缩性及湿陷性土层的湿陷性。

置换法分为挖除换土和强制挤除换土两类。挖除换土又可分为全部挖除换土和部分挖除换土;强制挤除换土可分为全部强制挤除换土和部分强制挤除换土。

在济菏高速公路等工程施工中,主要采用置换法处理局部浅层软土,抛石挤淤泥法处理积水坑、鱼塘等地段软基,对不均匀沉降过大路段采用加筋处理。

2. 置换法的作用

(1) 提高地基承载力。路堤承载力与其下土层的抗剪强度有关,以抗剪强度较高的砂或其他填筑材料代替较软弱土层,可提高地基的承载力,避免地基破坏。

(2) 减少地基沉降量。一般地基浅层部分的沉降量在总沉降量中所占的比例较大。以公路地基为例,在相当于路堤宽度的深度范围内的沉降量约占总沉降量的 50%,如以密实砂或其他填筑材料代替上部软弱土层,就可以减少这部分的沉降量。由于砂垫层或其他垫层对应力的扩散作用,使作用在下卧土层上的压力较小,这样也相应减少了下卧土层的沉降量。

(3) 加速软弱土层的排水固结。不透水的基础直接与软土层相接触时,在荷载的作用下,软弱地基中的水被迫绕基础两侧排出,因而使地基底下的软弱土不易固结,形成较大的孔隙水压力,还可能导致由于地基强度降低而产生塑性破坏。砂层和砂石层等垫层材料透水性大,软弱土层受压后,垫层可作为良好的排水边界,使基础下面软土的孔隙水压力迅速消散,加速垫层下软弱土层的固结和提高其强度,避免地基土塑性破坏。

(4) 防止冻胀。因为粗颗粒的垫层材料孔隙大,不易产生毛细管现象,因此可以防止寒冷地区土中结合水的迁移和集聚所造成的冻胀。此时,砂垫层的底面应满足当地冻结深度的要求。

(5) 调整不均匀地基的刚度。

(6) 清除膨胀土的胀缩作用。换土砂垫层厚度较厚,它比排水垫层有更多的作用:一是代替直接作为基底的软弱持力层作用,提高地基承载力;二是加速地基的排水固结,提高地基的抗剪强度。如果不需要排水作用,地基可以做成石灰土,以提高地基承载力,减少地基不均匀沉降,厚度为 40~60cm。试验和工程验证,一般取 50cm 厚的砂垫层较合适。

4.1 开挖换土垫层法

4.1.1 垫层设计

1. 垫层材料

根据各工程具体情况选用,尽量就地取材。黏性土、砂类土、砾石、碎石、石渣、矿渣、灰土、二灰土和细砂掺砾石等均可作为垫层。如果采用砂料作垫层,对有抗震设防要求的工程,需满足防震要求。济菏高速公路主要采用石灰土。

垫层材料选用的要求:

① 砂石:级配良好,不含植物残株、垃圾等杂物。当使用粉细砂时,应掺入25%~30%的碎石或卵石,最大粒径不宜大于50mm。

② 土石屑:粒径 $d<2mm$ 的部分不得超过总质量的40%,含粉量(即粒径 $d<0.075mm$)不得超过总质量的9%,含泥量不得超过总质量的3%。

③ 素土:土料中有机质含量不得超过5%,亦不得含有冻土或膨胀土。当含有碎石时,粒径不宜大于50mm。

④ 灰土:体积配合比宜为2:8或3:7。土料宜用黏性土及塑性指数大于4的粉土,不得有松软杂质,并应过筛,颗粒不得大于15mm。

⑤ 工业废渣:包括高炉干渣和粉煤灰。高炉干渣包括分级干渣、混合干渣与原状干渣;粉煤灰包括湿排灰与调湿灰,但不应混入植物、生活垃圾和有机质等杂物。

⑥ 在有充分依据或成功经验条件时,也可采用其他质地坚硬、性能稳定、透水性强、无侵蚀的材料作垫层,但必须进行现场试验证明其技术经济效果良好及施工措施完善。

⑦ 砂垫层应选用中砂或中砂以上的粗粒砂石,其含泥量不得超过3%。

2. 压实参数

(1) 压实度 K。土料碾压(夯击、振实)密实度要求和质量控制指标通常以压实度表示,其计算公式为:

$$K=\frac{\gamma_d}{\gamma_{dmax}}$$

式中 K——压实度,%;

γ_d——现场土的实际控制干密度,g/cm³;

γ_{dmax}——土的最大干密度,g/cm³。

垫层的最大干密度 γ_{dmax} 应通过室内击实试验测得。当无试验资料时,按下式估算。

$$\gamma_{dmax}=\frac{\eta\gamma_w G_s}{1+0.01\omega_{op}G_s}$$

式中 γ_w——水的密度,g/cm³;

η——经验系数,黏土取0.95,粉质黏土取0.96,粉土取0.97;

G_s——土粒相对密度;

ω_{op}——最优含水量,%,黏土按当地经验或取 ω_p+2(ω_p 为塑限),粉土取14%~18%。

土质路基压实度标准,参考《公路路基施工技术规范》(JTG F10—2006)确定,见表4-1。

4 置换法处理公路地基浅层软土

表 4-1 土质路基压实度标准

挖填类型		路床顶面以下深度（m）	压实度（%）		
			高速公路、一级公路	二级公路	三、四级公路
路堤	上路床	0～0.30	≥96	≥95	≥94
	下路床	0.30～0.80	≥96	≥95	≥94
	上路堤	0.80～1.50	≥94	≥94	≥93
	下路堤	>1.50	≥93	≥92	≥90
零填及挖方路基		0～0.30	≥96	≥95	≥94
		0.30～0.80	≥96	≥95	

（2）含水量。现场施工时，应使填料的含水量尽量接近最优含水量。当无试验资料时，可按表 4-2 选用。

表 4-2 土的最优含水量及最大干密度参考表

土的种类	变动范围		土的种类	变动范围	
	最优含水量（%）（质量比）	最大干密度（g/m³）		最优含水量（%）（质量比）	最大干密度（g/m³）
砂土	8～12	1.80～1.88	粉质黏土	12～15	1.85～1.95
黏土	19～23	1.58～1.70	粉土	16～22	1.61～1.80

（3）铺填厚度及压实遍数。应通过现场试验确定。当无试验资料时，可参考表 4-3。

表 4-3 垫层的每层铺填厚度及压实遍数

碾压设备	每层虚铺土厚度（mm）	每层压实遍数	土质环境
平碾（8～12t）	200～300	6～8	软弱土、素填土
羊足碾（5～16t）	200～350	8～6	软弱土
蛙式夯（碾）（200kg）	200～250	3～4	狭窄场地
振动碾（8～15t）	600～1500	6～8	砂土、碎石土、湿陷性黄土等
振动压实机	1200～1500	10	
插入式振动机	200～500		
平振振动机	150～250		

3. 垫层厚度

垫层的厚度 z 应根据下卧土层的承载力确定，并符合下式要求：

$$p_z + p_{cz} \leqslant f_z \tag{4-1}$$

式中 p_z——垫层底面处的附加压力，kPa；

p_{cz}——垫层底面处土的自重压力，kPa；

f_z——垫层底面处土层的地基承载力，kPa。

垫层的厚度不宜大于 3m，太厚施工困难，太薄则换土垫层的作用不明显。

垫层底面处的附加压力值 p_z 可分别按下式简化计算：

$$p_z = \frac{b(p - p_c)}{b + 2z\tan\theta} \tag{4-2}$$

$$p_z = \frac{b(p-p_c)}{(b+2z\tan\theta)(1+2z\tan\theta)} \tag{4-3}$$

式中 b——路堤底面的宽度，m；

p——路堤底面压力，kPa；

p_c——路堤底面处土的自重压力，kPa；

z——路堤底面下垫层的厚度，m；

θ——垫层的压力扩散角，可按表4-4采用。

表 4-4 压力扩散角 θ (°)

换土材料 z/b	中砂、粗砂、砾砂、圆砾、角砾、卵石、碎石	黏性土和粉土 $(8 < I_P < 14)$	灰土
0.25	20	6	30
≥0.5	30	23	

注：当 z/b<0.25 时，除灰土仍取 $\theta=30°$外，其余材料均取 $\theta=0°$；当 0.25<z/b<0.50 时，θ值可内插求得。

4. 垫层宽度

垫层的宽度应满足路堤底面应力扩散的要求，可按下式计算或根据当地经验确定：

$$b' \geqslant b + 2z\tan\theta \tag{4-4}$$

式中 b——垫层底面宽度，m；

θ——垫层的压力扩散角，可按表4-4采用；当 z/b<0.25 时，仍按表中 z/b=0.25 取值。

其他符号意义同上式。

当其侧面土质较好时，垫层宽度略大于路堤底即可；当其侧面土质较差时，如果垫层宽度不足，垫层就有可能被挤入四周软土层中，促使侧面软土变形和地基沉降的增大。

垫层顶面宜超出路堤两侧底边不小于 300mm，或从垫层底面两侧向上按当地开挖基坑经验的要求放坡。

5. 变形复核

对于重要的路段或垫层下存在软弱下卧层的路段，还应进行变形复核，以使路堤地基的沉降量小于容许沉降量。

路堤地基沉降由垫层自身变形和下卧土层变形两部分构成：

$$S = S_R + S_u \tag{4-5}$$

式中 S_R——垫层自身变形值，mm；

S_u——压缩层厚度范围内，自垫层底面算起的各土层压缩变形之和，mm。

(1) 垫层自身变形在满足垫层底面尺寸规定后可仅考虑其压缩变形，并可按下式简化计算：

$$S_R = (p + a p h_s)/2E_s \tag{4-6}$$

式中 E_s——垫层压缩模量，kPa 或 MPa，宜由载荷试验确定，当无试验资料时，可选用 20～30MPa；

p——路堤底面压力，kPa；

a——路堤底面压力扩散系数。

(2) 垫层底面附加压力可按下式计算：

$$p_z = (ap + \gamma_c h_s) - \gamma_0 h \tag{4-7}$$

式中 h——天然地面至垫层底面距离，m；
γ_c——h 深度范围内天然土层的平均重度（地下水位以下用浮重度），kN/m^3；
γ_0——素填土的重度，kN/m^3；
h_s——素填土的厚度，m。

有相邻建筑物影响时，应另加相邻建筑物传来的附加应力。

（3）下卧土层变形可用分层总和法按下式计算：

$$S_u = \varphi p_z b' \sum_{i=1}^{n} \frac{\delta_i - \delta_{i-1}}{E_{si(1-2)}} \tag{4-8}$$

式中 φ——沉降计算经验系数，按地区沉降观测资料及经验确定；
p_z——垫层底面的附加应力，kPa；
$E_{si(1-2)}$——下卧土层第 i 层的压缩模量，kPa；
δ_i——第 i 层土的平均附加应力系数与垫层到第 i 层底距离的乘积；
b'——垫层底宽度，m；
n——下卧层计算深度内划分的层数。

6. 抗震复核

应尽量不要选用细砂、轻粉质黏土作垫层材料；当选用粉煤灰作垫层时，应满足抗震要求。粉煤灰压实垫层不产生液化的标准贯入击数 N（未经钻杆修正）可参考表 4-5。

表 4-5 粉煤灰压实垫层不产生液化的标准贯入击数 N 击

垫层厚度（m）	N 值	垫层厚度（m）	N 值
≤5	≥8	>5 且≤8	≥8

4.1.2 开挖换土垫层法的施工工艺和质量检测

1. 开挖施工要点

（1）软土厚度在 2.0m 以内时，可用推土机、挖掘机清除至路基范围以外堆放或运至取土坑。开挖深度大于 2.0m 时，应由端部向中央，分层挖除；并修筑临时运输便道，由汽车等运输工具将软土运至路基以外。

（2）软土在路基坡脚范围以内全部清除。边部挖成台阶状再回填。路基穿过大面积软土区时只需清除路基范围以内的软土；护坡道之外，对于不滑塌的软土，可挖成 1∶1.5～1∶2 的坡度；对于高压缩性的软土，宜将护坡道加宽加高至与软土层地表相平或高出，也可在路基与软土之间砌筑护坡、挡土墙或硬边沟，以隔离沼泽带与路基之间的联系，如图 4-1 所示。

（3）软基在开挖时要注意解决渗水或雨水两个问题，可采用边挖边填，也可全部或局部清除后进行全部或局部回填，尽可能换填渗水性材料，并注意及时抽水。

（4）路堤两侧设立全铺式（块石、片石浆砌护坡）护坡或护面墙（挡土墙式护坡）时，砌石应用当地不易风化的开山片石，用 M5 砂浆砌墙，墙基应埋入非软基土中 0.50～1.20m。砌筑护坡时应夯实坡面，挡墙后应填筑开山石块并夯实，如图 4-2 所示。护面墙应在路堤压实稳定后再开挖砌筑。

2. 填筑、压实施工要点

（1）人工级配的砂（石）垫层，应将砂（石）拌和均匀后，再行铺填捣实；且在铺筑前，应对软基表面进行修整，或填筑渗水性较好的土，并在砂垫层底面形成 2%～4% 的

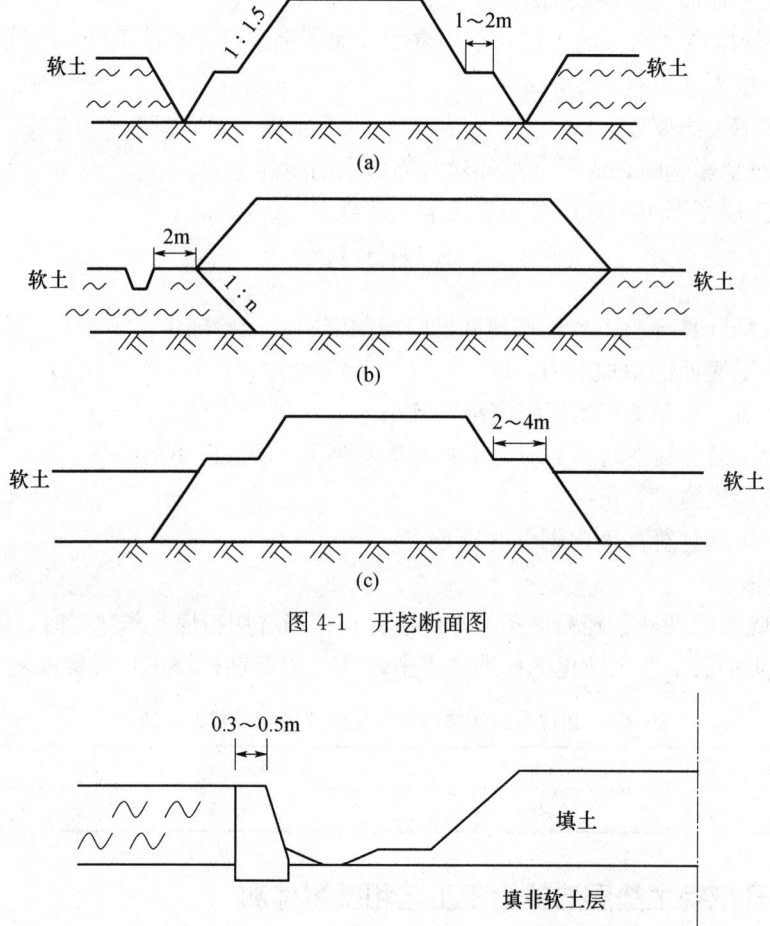

图 4-1 开挖断面图

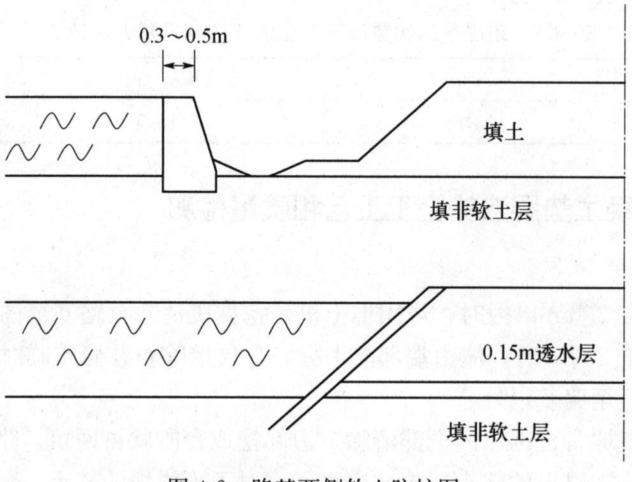

图 4-2 路基两侧软土防护图

横坡。

（2）捣实砂（石）垫层时，应注意不要破坏基坑底面和侧面土的强度。因此，对基坑下灵敏度大的地基土，在垫层最下一层宜先铺设一层 15～20cm 的松砂，只用木夯夯实，不得使用振捣器，以免破坏基底土的结构。

（3）采用细砂作为垫层的填料时，应注意地下水的影响，且不宜使用平振法、插振法、和水撼法。

（4）在砂（石）垫层铺筑过程中，应严防受尘土、泥土及其他杂质污染，否则应及时更换或返工。

（5）碎石土及粉煤灰等工业废渣常作为换填材料，各种材料的压实层厚度及压实度控制见表 4-6。

表 4-6 压实层厚度及压实度表

填料名称	压实层厚度（m）	压实度或指标值	压实遍数
碎石土	<0.50	12～15t 三轮压路机无明显轮迹	5～7
粉煤灰	≤0.30	>85%	4～6
工业废渣	0.30	重型压路机无明显轮迹	5～7
土方	0.20	>85%	4～8

（6）如果路基与两侧软土完全隔离，可按照一般路基方式进行填筑，分层碾压时控制好含水量、碾压遍数、碾压方式及路基边坡、护坡道的密实程度，要做好淤泥与路堤之间的边沟排水，保证路堤不受水毁、不受冻害。

（7）如果路堤与两侧软土不能完全隔离，清除路基底部软土以后，当渗透性良好的土源缺乏时，可在路堤底面用砂石料设置透水性路堤。

3. 施工工艺及质量检测

（1）素土及石灰土垫层。施工要点：

① 素土及灰土料垫层的施工，其施工含水量应控制在 $\omega_{op}\pm2\%$ 的范围内。ω_{op} 可通过室内击实试验确定，或根据当地经验取用。

② 土垫层施工时，交接处应夯压密实，灰土、二灰土应拌和均匀并应当日铺填压实；灰土压实后 3d 内不得受水浸泡。

③ 素土和灰土垫层应选用羊足碾和平碾、轻型夯实机和压路机等；素土和灰土垫层的铺筑厚度、夯实遍数、虚铺厚度等按所使用的夯实机具及设计的干密度在现场试验确定。

土垫层用环刀法或贯入法检验质量。土垫层质量检验的其他要求及检验点的布置参见砂垫层。

（2）砂砾、碎石垫层。施工要点：

① 砂石垫层施工宜采用振动碾和振动压实机等机具，其压实效果、分层铺填厚度、压实遍数、最优含水量等，应根据具体的施工方法及施工机具等通过现场试验确定，分层厚度可采用样桩控制。施工时，下层的密实度经检验合格后，方可进行上层施工。

② 砂及砂石料可根据不同的施工方法控制其最优含水量。用平振式振动器时，最优含水量为 15%～20%；用平碾及蛙式夯时，其最优含水量为 8%～12%；当用插入式振动器时，宜为饱和的碎石、卵石。

③ 垫层底部存在古井、古墓、洞穴、旧基础、暗塘等软硬不均的部位时，应先予清理，再用砂石或好土逐层回填夯实，经检查合格后，再铺填垫层。

④ 严禁扰动垫层下卧的淤泥和淤泥质土层，防止践踏、浸泡或暴晒过久。在卵石或碎石垫层的底部宜设置 150～300mm 厚的砂层，以防止下卧淤泥和淤泥质土层表面的局部破坏。如淤泥和淤泥质土层厚度过小，在碾压荷载下抛石能挤入该土层底面时，可先在软弱土层面上堆填块石、片石等，然后将其压入以置换或挤出软弱土。

⑤ 砂石垫层的底面宜铺设在同一标高上。如果深度不同，应挖成阶梯或斜坡搭接，并按先浅后深的顺序施工，搭接处应夯压密实。

⑥ 地下水高于坑底面时，宜采用排降水措施，注意边坡稳定，以防止坍土混入砂石垫层中。

垫层质量检验应随施工分层进行。对砂石垫层，可用环刀法或贯入测定法检验垫层质量。

① 环刀法。用容积不小于 200cm³ 的环刀压入每层 2/3 的深度处取样，测定其干密度。干密度应不小于该砂石料在中密状态的干密度值（中砂为 1.55~1.60t/m³，粗砂为 1.7t/m³，碎石、卵石为 2.0~2.2t/m³）。

② 贯入测定法。先将砂垫层表面 3cm 左右厚的砂刮去，然后用贯入仪、钢叉或钢筋以贯入度的大小来定性地检查砂垫层的质量。在检查前先根据砂石垫层的控制干密度进行相关性试验，以确定其贯入度值。

钢筋贯入法：用直径为 20mm、长度为 1250mm 的平头钢筋，自 700mm 高度处自由落下，插入深度以不大于根据该砂的控制干密度测定的深度为合格。

钢叉贯入法：用水撼法使用的钢叉，自 500mm 高处自由落下，其插入深度以不大于根据该砂的控制干密度测定的深度为合格。

当使用贯入仪或钢筋检验垫层的质量时，检验点的间距应小于 4m；当取土样检验时，每 50~100m² 不应少于一个检验点。

（3）粉煤灰垫层。施工要点：

① 粉煤灰的最大干密度和最优含水量与粉煤灰颗粒粗细、形态结构和压实能量有关，应由室内击实试验确定。施工时分层摊铺，逐层振密或压实。

② 粉煤灰垫层在地下水位以下施工时，应采取排（降）水措施，严禁在饱和及浸水状态下施工，更不宜采用水沉法施工。

③ 在软土地基上填筑粉煤灰垫层时，应先铺填 20cm 左右厚的粗砂或高炉干渣，以免表面土体扰动，同时有利于下卧土层的排水固结，并切断毛细水上升。

④ 每一层粉煤灰垫层验收合格后，应及时铺筑上层或采用封层，以防干燥松散起尘污染环境，并禁止车辆在其上通行。

粉煤灰垫层质量的检验可用环刀法或贯入测定法。检测点布置要求：环刀法按 100~400m² 布置 3 个测点；贯入测定法按 20~50m² 布置一个测点。

4.2 抛石挤淤法

抛石挤淤法是通过向流塑状、高灵敏度的淤泥表面大量集中抛填石料，依靠填筑体的自重或利用其他外力，如压载、振动、爆炸、强夯或卸载（及时挖去换土体周边处的淤泥）等，使淤泥的结构遭到破坏后挤开淤泥，强制置换饱和软土的地基处理方法。

抛石挤淤法一般适用于石料丰富、运距较短、厚度不超过 4.0m，且表层无硬壳、排水较困难的积水洼地中的具有触变性的流塑状饱和淤泥或泥炭土的处理。对于 5.0m 以上的深厚淤泥或泥炭土层，则必须辅以爆破或强夯等措施，才可使填筑体下沉到较硬的持力层。而对于 10.0m 以上的深厚淤泥或淤泥质土，即使采用强夯等措施也很难使填筑体下沉到坚硬的持力层上。

抛石挤淤法在济荷高速公路主要用于处理鱼塘、积水坑、低洼地和淤泥地等局部浅层饱和或有地表水的软地基土层。

4.2.1 抛石挤淤法的类型

抛石挤淤法按挤淤方式分为整式压载挤淤和散式挤淤两种，如图 4-3 所示。

4 置换法处理公路地基浅层软土

图 4-3 抛石挤淤法
(a) 整式压载挤淤；(b) 散式挤淤

在厚度不超过 3m、不排水剪切强度小于 2kPa 的稀软淤泥中，通过散抛碎石的散式挤淤方式，依靠单块块体的自重或再借助外力的振碾，使抛填体沉入到淤泥中，形成以块石为骨架，中间充满淤泥的复合地基。对于四周呈封闭状的淤泥，经抛填、吸淤、碾压后，填筑体形成接底的较稳定的置换地基，并有较高的承载能力和较小的变形性能。散式挤淤中抛填体必须下沉到硬土层上，石料层挤压成稳定的承重骨架，才能作为垫层使用。

整式压载挤淤由于填筑体整体沉入淤泥中，因此，除与淤泥的交接面外，填筑体内部不混有淤泥。整式压载挤淤的形式有接底式和悬浮式等，如图 4-4 所示。整式挤淤结构整体性好，承载力高，接底式稳定性好。在淤泥较薄的情况下，尽可能使填筑体挤至层底硬土层面上。在沉降或差异沉降要求不高、上部荷载不大的情况下，可采用悬浮式结构。

图 4-4 整式压载挤淤
(a) 悬浮式整式挤淤；(b) 接底式整式挤淤

4.2.2 加固机理

饱和软土尤其是淤泥或淤泥质土的含水量高，渗透系数和不排水抗剪强度均较低。在集中向其表面大量堆载的瞬间，饱和土体中的孔隙水来不及排出，孔隙体积没有发生改变，全部压力的增量完全由孔隙水来承担，地基土颗粒间的压力即有效应力没有发生变化，地基土的抗剪强度在一定的时间内不但没有提高，反而因堆载施工扰动土结构的破坏而下降。因此，当填筑体在地基中所产生的应力达到土的不排水强度时，土体产生连续的滑动面，填筑体下的淤泥被强制挤向两侧，向上翻涌和隆起。同时填筑体挤开淤泥下沉至一定的深度，与周围土体形成新的极限平衡状态。当填筑体仅依靠自身的重量还不能下沉到设计的深度充分置换土时，可采取振动碾压、卸荷、爆破、强夯等辅助措施促使填筑体下沉。

4.2.3 挤淤设计

根据计算确定换土的宽度、深度以及换土材料。换土深度除考虑沉降和滑移稳定以外，还应置换到使地基承载力大于换土体荷载所需的深度。强制挤淤换土不可能把软弱层全部挤出，换土后必须考虑沉降。

1. 填料下沉深度

(1) 散式挤淤。散式挤淤是靠抛填体自身的重量挤开淤泥下沉的，单块抛体只有沉底才能形成稳定的骨架结构。除了淤泥的物理力学性能指标外，抛填体个体的重量是决定抛填体能否沉底的关键。散式挤淤中抛填体的相当块径不宜小于 0.3m，同时块径还应满足式（4-9）的要求。

$$d \geqslant \frac{6m \cdot C_u}{\gamma_g - \gamma_s} \tag{4-9}$$

式中　d——抛填体的相当块径；

　　　m——比例系数，可取 0.75～0.80；

　　　C_u——淤泥的不排水剪切强度；

　　　γ_g——抛填体的重度；

　　　γ_s——淤泥的重度。

（2）整式挤淤。整式压载挤淤按填筑体挤入淤泥的方式分为三种情况：填筑体中部突出先行挤入、两侧突出先行挤入和全断面同时挤入。理论分析和工程实践均认为以全断面同时挤淤效果最好，避免了两侧形成薄翼现象，又便于机械化施工。根据土体极限平衡理论，杨光煦推出了填筑体下沉深度 D 和填筑体厚度 H 的关系，见式（4-10a）和式（4-10b）。

$$H = \frac{(2+\pi)C_u + 2\gamma_s D}{\gamma_g} + \frac{(4C_u + 2\gamma_s D)D}{\gamma_g B} + \frac{2\gamma_s D^3}{3\gamma_g B^2} \quad \left(t > \frac{B}{\sqrt{2}+1}\right) \tag{4-10a}$$

$$H = \frac{2\pi C_u + 2\gamma_s D}{\gamma_g} + \frac{(4C_u + 2\gamma_s D)D}{\gamma_g t(\sqrt{2}+1)} + \frac{2\gamma_s D^3}{3\gamma_g t^2(\sqrt{2}+1)^2} \quad \left(t \leqslant \frac{B}{\sqrt{2}+1}\right) \tag{4-10b}$$

式中　B——填筑体的宽度；

　　　t——淤泥的深度。

其他符号意义同式（4-9）。

2. 整式压载挤淤填筑体宽度

整式挤淤的填筑体只有与淤泥达到一定的接触长度时，才能有足够的抗剪力维持悬浮于淤泥中的填筑体保持稳定。因此，悬浮式填筑体或填筑体施工期间，底宽应满足式（4-11）的要求。

$$B' \geqslant \gamma_s H^2 \tan^2\left(\frac{45° - \frac{\varphi}{2}}{C_u}\right) \tag{4-11}$$

式中　B'——填筑体最小底面宽度；

　　　φ——填筑料的内摩擦角。

整式挤淤填筑体的底面宽度还应满足上部建筑物基础的应力扩散要求：

$$B' \geqslant b + 2H\tan\theta$$

式中　b——建筑物基础底面宽度；

　　　θ——压力扩散角，块石取 35°。

整式挤淤填筑体顶部宽度除应满足底宽要求外，还应考虑淤泥固结沉降或移位时，置换地基边坡可能随之滑动而造成的破坏及卸载开挖时局部失稳的安全宽度 b'。

$$b' \geqslant H\tan\left(45° - \frac{\varphi}{2}\right) \tag{4-12}$$

此外，还应考虑施工机械进出等现场工作的宽度要求。

3. 爆破挤淤法的设计

（1）在排淤、挤淤时，爆破前淤泥上部应有一定填土高度，以不致于爆破后全部填料沉入淤泥中。填土高度不应该过高，以免造成堤面滑坡，一般取不大于淤泥层厚度的 2 倍。采用堤头炸穴挤淤时，每次填土长度 B（步距）按式（4—13）计算：

$$B=0.75h+1.25 \tag{4-13}$$

式中　h——淤泥深度，m。

（2）装药量及孔距的确定

① 采用沟槽爆破。

a. 最小抵抗线 W_p 的确定

$$W_p=0.9h_0 \tag{4-14}$$

式中　h_0——排淤深度，m。

b. 钻孔长度 L 的确定。

$$L=\frac{W_P}{\sin\beta}$$

式中：β——钻孔倾角（采用 $45°\sim50°$）。

c. 单孔装药量 Q。

$$Q=K\cdot W_P^3 f(n)$$
$$n=K_s\cdot\frac{D}{2W_p}$$

式中　K——单位耗药量，kg/m^3，见表 4-7；

　　$f(n)$——爆破作用指数函数，见表 4-8；

　　n——爆破作用指数；

　　D——堑沟顶部宽度，m；

　　K_s——系数，爆破纵向堑沟为 1.0，横向堑沟为 1.67。

表 4-7　单位耗药量 K 值

淤泥泥浆（灰分）含量（%）	20	30	40	50	60	70	>70
K（kg/m^3）	0.68	0.69	0.74	0.80	0.88	1.0	1.2

表 4-8　$f(n)$ 值

h	1.0	1.25	1.5	1.75	2.0	2.25	2.5
$f(n)$	1.0	1.1	1.2	1.55	2.1	2.82	3.6

d. 炮孔间距 a。

$$a=K_j\cdot W_p\sqrt[3]{f(n)} \tag{4-15}$$

式中　K_j——系数，纵向堑沟为 1.0，横向堑沟为 0.94。

其余符号意义同上。

装药长度为孔深的 3/4，并据此确定孔径。

② 在路旁地带进行卸载爆破时，装药量 Q 按式（4-16）计算：

$$Q=\frac{L^3\cdot K}{3} \tag{4-16}$$

式中　Q——卸载爆破装药量，kg。

其余符号意义同上。

装药长度控制为孔深的 1/2，并据此确定孔径。

③ 下填法及堤头炸穴法挤淤是路堤下爆破，装药量 Q（kg）按式（4-17）计算：

$$Q=0.33Kh^3 \qquad (4-17)$$

炮孔间距：

$$a=C\sqrt[3]{Q} \qquad (4-18)$$

式中 C——系数，一般取 $1.2\sim1.4$。

（3）承载力验算。对于悬浮式整式压载挤淤的软弱下卧土层，必须进行承载力验算，并使填筑体厚度满足承载力验算要求：

$$\sigma_z+\sigma_{cz}\leqslant(\sigma_z) \qquad (4-19)$$

4.2.4 施工工艺与要求

为保证填筑体能顺利下沉，应先挖除阻碍填筑体下沉的表层硬壳，如路堤、塘埂等。填筑体应压实均匀，填筑体的压实系数不得小于 0.93。填筑体的填筑材料应采用透水性好、级配良好、抗剪强度较高的密实石渣及石块，并应避免大块石过多造成填筑体架空现象，从而导致淤泥能通过大块石的架空孔道渗入到填筑体内。

采用索铲、抓斗或吸泥泵在填筑体两侧挖淤卸荷能减小淤泥的压力，加大填筑体的下沉深度，但应遵循近挖远卸的排淤原则，挖除填筑体附近的淤泥，促使填筑体就地下沉，防止填筑体的漂移。卸载挖淤宜两侧同时进行，如单侧挖淤，则两侧淤泥面的高程差必须严格控制在容许的范围内，并应按近挖远卸分层进行。

1. 抛石挤淤要点

（1）测量要排除的软土（淤泥）深度、面积，计算排淤量，换算出抛石数量、密实程度，抛石顶部要高于或与淤泥层齐平，如图 4-5 所示。抛石层基脚宽度要大于路堤设计坡脚宽度。片石抛出水面后，应用较小石块填塞垫平，碾压密实，表面平整，顶部设置不透水层或隔离层，然后分层填筑路堤。

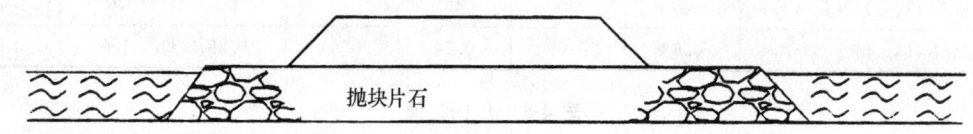

图 4-5 抛石挤淤

（2）抛石层低于两侧淤泥高度时，路堤坡脚应设置块（片）石护坡，并在抛投片石顶部进行压实，整平后设 0.10m 厚碎石层和 0.10m 厚砂砾层，如图 4-6 所示。

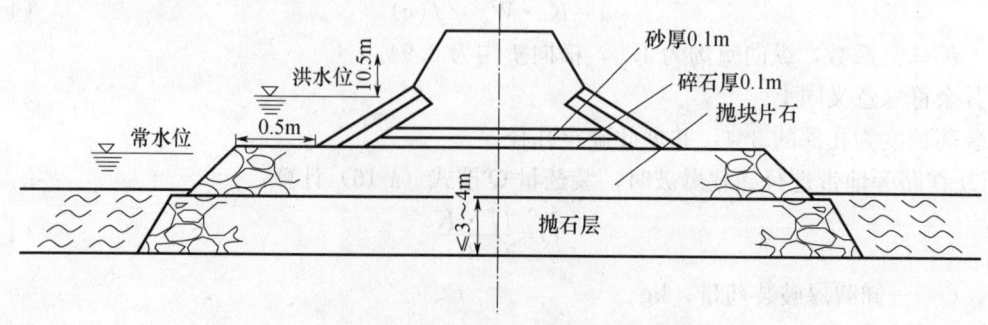

图 4-6 加设块（片）石护坡抛石挤淤

(3) 当软土底地层平坦时,抛石从地基中部向两侧逐渐进行,以便将淤泥从两侧挤出。

(4) 软土底横坡陡于 1∶10 时,应自高侧向低侧抛投,并在低侧边部多加抛投。

(5) 抛投石使用不易风化的石料,一般直径不宜小于 0.3m;料源困难时,允许含有 20% 以下的较小片石。

(6) 若此法配合预压,使软土能彻底挤出,则效果更好。

2. 爆破挤淤施工要点

爆破挤淤法根据爆破与填土的先后关系分为两种。一种是先在原地面上填筑低于极限高度的路堤,再在基底下爆破。这种方法适用于稠度较大的软土及泥沼,先填的路堤随爆破下沉,避免了回淤,但先填后爆要严格控制炸药量,使之既能炸开淤泥和泥炭,又不致扬弃已填路堤。另一种是先爆后填,适用于稠度较小、回淤较慢的软土。采用这种方法时,应事先准备好充足的回填材料,于爆破后立即回填,做到随爆随填,爆后即填,填满再爆,以免回淤造成浪费。

挤淤置换地基除常采用上述抛石挤淤和爆破挤淤外,还有压载挤淤、振动挤淤、强夯挤淤、卸载挤淤等。压载挤淤在施工过程中应注意为使挤淤换土体达到设计深度,必须尽可能地快速、连续、全断面堆高块石挤淤体,填料级配应良好。而振动挤淤由于受设备条件的限制,一般只进行表面平整和填料压实。卸载挤淤在施工中则应严格控制换土体两侧淤泥面的高差 ΔH,这样有利于下沉位置符合要求。

4.3 强夯置换法

工程实践中,强夯置换法用于处理含水量过高的黏性土填土和厚度不大的淤泥、淤泥质土地基,都有大量的成功经验。能够克服挖土换土不能太深(一般深度 3m)粉喷桩不能太浅(一般为大于 6m)的局限性,且有成本低、工期短的特点。因此,用于处理黄河冲积平原浅层(小于 6m)的软基。

强夯置换分为:①单点夯击置换形成独立的墩置换体形式;②足够间距的群点置换,形成有序排列的群墩复合地基的置换形式;③密集布置的群点夯击,形成整体置换的形式等三类。单点夯击的置换体深度一般为 5~7m,最深者 8.5m;整体式置换的深度,一般不会超过单点夯击置换的深度,在淤泥中挤淤置换的深度一般为 6m,最深 10m(采用特殊工艺)。

4.3.1 强夯置换原理和置换方法

1. 单点置换原理

圆柱体形的重锤自高空落下,接触地面的瞬间夯锤刺入并深陷于土中,在瞬间释放出大量能量,对被加固土体产生的作用有三个方面:

(1) 直接位于锤底面下的土,瞬间承受锤底巨大冲击压力,使土体积压缩并急速地向下推移,在夯坑底面以下形成一个压实体,其密度大为提高。

(2) 位于锤体侧边的土,瞬间受到锤体边缘的巨大冲切力而发生竖向的剪切破坏,形成一个近乎直壁的圆柱形深坑。

(3) 锤体落下冲压和冲切土体形成夯坑的同时,还产生强烈的震动,基于震动液化、排水固结、震动挤密等联合作用,使置换体周围的土体得到加固。

2. 置换方法与置换效果

一次置换形成的夯坑深度一般为夯锤直径的 1～2 倍，要求置换体深度大时必须经过多次的置换才能达到目的。第一次置换先夯出一个深度为 1～2 倍锤径的夯坑，填满碎（块）石等置换材料后，以完全相同于前述的步骤再做第二次置换，直到第 n 次置换达到预期的目的或置换深度为止。

多次置换所形成的置换体，其形状、尺寸与置换工艺等多种因素有关。下面根据室内模型试验和野外原位试验，探讨高饱和度土的强夯置换工艺和置换效果。

(1) 室内模型试验。以济菏高速公路十四合同段含水量为 18% 的重塑粉质黏土制作模型，试验分 A、B 两组，A 组的夯坑深度为 $1.0d$（d 为夯锤直径），分别做 1～4 次置换；B 组的夯坑深度为 $1.5d$，同样做 1～4 次置换。置换体的体形，A、B 两组二次置换的剖面如图 4-7 所示，多次置换的效果见表 4-9。

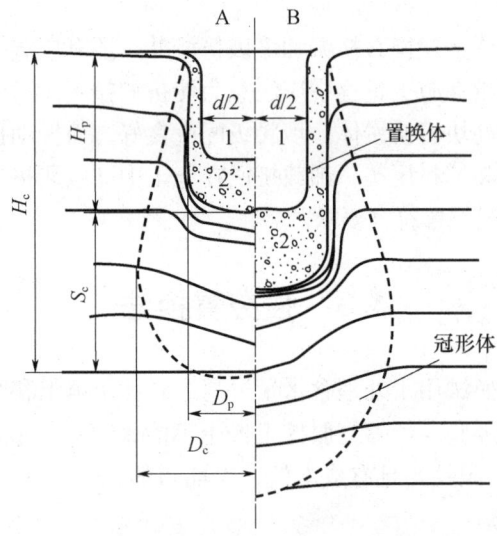

图 4-7 室内模型试验剖面图

表 4-9 多次置换的效果

试验分组	置换次数	夯坑深度（为夯锤的倍数）	置换碎石墩体		置换体下方冠形挤压区		
			直径 D_p	深度 H_p	直径 D_c	深度 H_c	厚度 S_c
A	1次	$1d$	$1.00d$	$1.00d$	$2.00d$	$2.50d$	$1.50d$
	2次	$1d×2$	$1.35d$	$1.50d$	$2.35d$	$3.00d$	$1.50d$
	3次	$1d×3$	$1.50d$	$1.80d$	$2.57d$	$3.40d$	$1.60d$
	4次	$1d×4$	$1.75d$	$2.10d$	$2.85d$	$3.75d$	$1.65d$
B	1次	$1.5d$	$1.00d$	$1.50d$	$2.25d$	$3.38d$	$1.88d$
	2次	$1.5d×2$	$1.40d$	$2.25d$	$2.65d$	$4.13d$	$1.88d$
	3次	$1.5d×3$	$1.60d$	$2.75d$			
	4次	$1.5d×4$	$1.80d$	$3.25d$			

(2) 野外原位试验。工程现场强夯置换原位试验结果表明：在高饱和度黏性填土上多次强夯置换，所形成置换体的典型剖面如图 4-8 所示。图中：d 为夯坑的直径；h 为每次置

换的夯坑的深度；D_p 为置换碎（块）石礅体直径；H_p 为置换体的深度；D_c、H_c、S_c 分别为置换体下方冠形挤密区的直径、深度和底部厚度。

强夯置换体的形状、尺寸与施工工艺有密切关系。

（1）置换体呈碗底形的圆柱体形，其直径、深度与夯击能量直接相关。要求置换深度大，必须提高夯击能，有效地增加每次的置换深度，并增加置换的次数。

（2）要求置换的直径小、深径比大，除了采用小直径夯锤外，还必须提高单击夯能，有效地增加每一锤的贯入深度。置换体的直径一般为 1.5～1.8 倍锤径，由单击能量、被置换土体和置换材料性质而定。

（3）置换土料的性质对置换体的形状有很大影响，碎（块）石等粗粒材料的置换效果良好，置换体的轮廓清晰，当被置换土层为饱和软土时，不适宜用砂、砾、山皮土作置换料。

（4）被置换土体紧紧地被压缩在置换体下方形成一个冠状挤密区，其轮廓范围十分清晰。图 4-7 为室内模型试验，夯坑为 1 倍锤径，被置换土的体积显著压缩，密度大为提高。挤密区的底部厚度达 1.5～1.8 倍锤径，相当于置换体的直径。挤密区的直径可达 3 倍锤径。

（5）置换地面的隆起量可以反映置换的效果和被置换土体的挤密情况。地面隆起量越大，说明原土被挤密的程度越差，越接近于单纯的挤出置换过程。图 4-8 所示置换体下方存在着很宽厚的冠形挤密区，表明置换对原土有很好的挤密加固作用。当被置换土体为不易挤密的饱和软土或原土已经达到不可再挤密的程度时，地面就会发生隆起。置换时，地面是否会发生隆起，可以用图 4-9 和式（4-20）、式（4-21）进行判断。

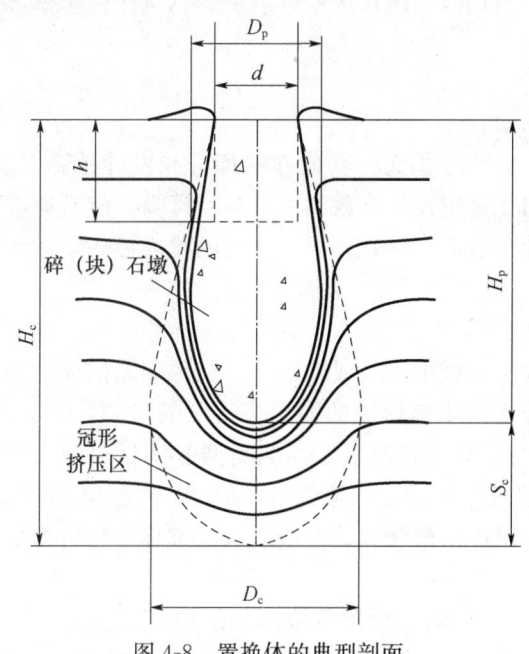

图 4-8 置换体的典型剖面

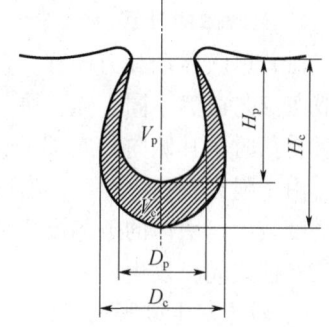

图 4-9 地面隆起计算图式

不隆起时：
$$V_c = \eta_c (V_c + V_p) = \eta_c V \tag{4-20}$$

发生隆起时：
$$V_c < \eta_c V \tag{4-21}$$

其中，
$$\eta_c = \frac{1+e_c}{1+e_0}, V = V_c + V_p$$

式中　η_c——挤密体积率；

e_c——冠形挤密区土的平均空隙比；
e_0——被置换地基原状土的空隙比；
V——冠形挤密区外轮廓线所包络的体积；
V_p——置换体体积；
V_c——冠形挤密区体积。

现场试验的实测结果表明，2倍于置换体顶部直径范围内，地面隆起量平均为298mm，表明置换对原土有较好的挤密加固作用。若在饱和的淤泥或淤泥质土中进行置换，冠形挤密区的体积（V_c）很小，e_c值也减小不多，被置换土淤泥的挤出量将接近等于置换体的体积量，这时，地面会有很大的隆起。另外，即使在易于挤密的土中进行置换，当置换墩的间距过密（小于3倍锤径）时，地面也会发生隆起。

4.3.2 强夯置换在路基加固中的应用

强夯置换使用的地层条件，按土层的性质和厚度大致分为三类：（1）较厚的（厚度小于8.5m）高饱和度的不密实的花岗岩残积土填土或松散的含碎石、砾、砂、粉质黏土的混合黏性填土；（2）强夯置换深度5~7m以下的土层为良好的下卧土层，5~7m范围内属于高饱和度或饱和的粉土、粉质黏土或人工填土，或其下部有不厚的（小于置换体直径）淤泥或淤泥质土层；（3）强夯置换深度5~7m以下的土层为良好的下卧土层，5~7m范围内属于饱和的淤泥或淤泥质土层。

公路工程应用密集的群点置换，形成整片面积的整体置换，构筑垫层或置换挤淤构筑堤基、路基等。

4.3.3 强夯置换地基计算

强夯置换虽然在工程中得到广泛的应用，但至今仍无一套成熟的理论和设计计算方法。目前通常是针对工程情况和以往的工程经验初步选定设计参数和进行初步计算，然后通过现场试验的验证和修改后，最终确定适合的设计参数进行计算。根据不同的置换形式，其计算方法分述如下。

1. 单墩体的计算

（1）单墩体承载力计算。强夯置换碎（块）石墩由于其成墩工艺与其他类型散体材料墩的成墩工艺截然不同，碎（块）石墩体受到被置换土体形成的冠形挤密区的包围，碎（块）石墩受荷时，其侧向和底部的抗力都比原土大，其承载力也比其他类型散体材料墩大。另外，由于强夯置换碎（块）石墩的墩体比较粗短，深径比一般为3~4，由于墩体经过夯实后密度较大，墩体的破坏模式可能有两种，即墩体的鼓胀式破坏或刺入式破坏，也可能是两种破坏模式同时发生。

① 墩体发生鼓胀式破坏。墩体发生鼓胀式破坏时，墩顶单位面积的极限承载力计算方法主要有：Brauns（1978年）计算式、圆筒形孔扩张理论计算式、Wong, H. Y.（1975年）计算式、Hughes和Withers（1974年）计算式以及被动土压力法等。在此主要引用Brauns计算式预估强夯置换碎（块）石墩单墩墩顶单位面积的极限承载力，如图4-10所示。

$$f_{pu}=\tan^2\alpha\frac{2C_u}{\sin2\delta}\left(1+\frac{\tan\alpha}{\tan\delta}\right) \quad (4-22)$$

$$\tan\alpha=\frac{1}{2}\tan\delta(\tan^2\delta-1) \quad (4-23)$$

$$\alpha = 45° + \frac{1}{2}\varphi \tag{4-24}$$

式中 f_{pu}——墩顶单位面积的极限承载力，kPa；
　　　C_u——墩周土不排水抗剪强度，kPa；
　　　φ——墩体材料内摩擦角，°，碎、块石混合料取 $\varphi = 40°$。

用试算法得 $\delta = 61°21'$，代入式（4-22），可得

$$f_{pu} = 23.74C_u \tag{4-25}$$

考虑强夯置换造成的墩周挤密区的紧箍作用，应对式（4-25）引入一个增长系数 C，即

$$f_{pu} = 23.74CC_u \tag{4-26}$$

增长系数 C 可通过现场载荷试验结果对比求得，根据已有资料，增长系数 C 与被置换土体的性质和置换能量有关，土质好、置换能量大，取大值，反之取小值。对于粉土或粉质黏土，增长系数 C 为 $1.3 \sim 1.6$；对于饱和的淤泥和淤泥质土，增长系数 C 为 $1.0 \sim 1.1$。强夯置换碎（块）石墩单墩的承载力容许值 R_a 等于 $f_{pu}/2$ 乘以墩顶的面积。

② 墩发生刺入式破坏。墩发生刺入式破坏时，墩顶单位面积的承载力按图 4-11 和下式进行估算。

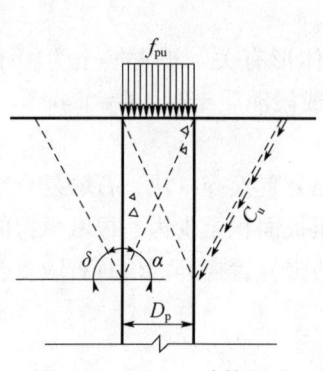

图 4-10　Brauns 计算图式

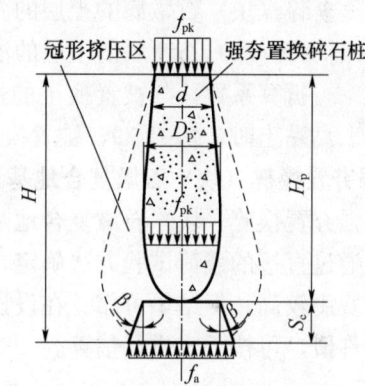

图 4-11　刺入式破坏计算图式

$$f_{pk} = f'_{pk}\left(\frac{D_p}{d}\right) \tag{4-27}$$

$$f'_{pk} \leqslant (1+\tan\beta)^2 f_a \tag{4-28}$$

$$f_{pk} \leqslant \left(\frac{D_p}{d}\right)^2 (1+\tan\beta)^2 f_a \tag{4-29}$$

式中 f_{pk}——置换碎（块）石墩顶单位面积的承载力，kPa；
　　　f'_{pk}——换算的置换碎（块）石墩体单位面积的承载力，kPa；
　　　f_a——经深度修正后，置换碎（块）石墩底地基承载力土容许值；
　　　d——置换碎（块）石墩顶的直径；
　　　D_p——置换碎（块）石墩体的直径；
　　　S_c——置换碎（块）石墩体下方冠形挤密区底部厚度；
　　　β——应力扩散角。

对于粉土、粉质黏土，根据试验结果，D_p 取 $1.5d$，S_c 取 $D_p/2$，β 取 $18.4°$，代入式（4-29），可得

$$f_{pk}=4f_a \tag{4-30}$$

对于饱和的淤泥、淤泥质土，由于易于挤出难于挤密的缘故，冠形挤密区的体积较小，置换体的直径较大，根据经验，D_p 取 $1.8d$，S_c 取 0，β 取 0，代入式（4-29），可得

$$f_{pk}=3.24f_a \tag{4-31}$$

强夯置换碎（块）石墩的单墩承载力容许值 R_a 等于 f_{pk} 乘以墩顶面积。

（2）单墩体沉降计算。当仅考虑碎（块）石墩作用，不考虑墩间土作用进行设计时，强夯置换碎（块）石墩基础的沉降量（S）包括两部分（$S=S_1+S_2$），即碎（块）石墩底面以下土层的沉降量（S_2）和碎（块）石墩体的压缩沉降量（S_1）。碎（块）石墩体的压缩沉降量（S_1）根据试验结果为墩顶直径的 $0.010\sim0.015$ 倍。碎（块）石墩底的土层沉降量（S_2）可将强夯置换碎（块）石墩当成一个深埋墩基础，按弹性理论公式进行计算。

$$S_2=\frac{\xi f_{pk}d}{E_0}(1-\mu^2) \tag{4-32}$$

式中　S_2——碎（块）石墩底的土层的沉降量；

　　　d——碎（块）石墩墩顶面直径；

　　　f_{pk}——碎（块）石墩墩顶面承载力；

　　　E_0——碎（块）石墩底的土层的变形模量；

　　　μ——碎（块）石墩底的土层的泊松比；

　　　ξ——折算系数，与被置换土的性质和置换墩的体形有关，被置换土为粉土、粉质黏土时，$\xi=0.39$，被置换土为饱和的淤泥或淤泥质土时，$\xi=0.44$。

2. 强夯置换碎（块）石墩复合地基计算

（1）强夯置换碎（块）石墩复合地基承载力计算。强夯置换碎（块）石墩复合地基承载力计算应通过直接的载荷试验方法确定，载荷试验的承压板面积至少为一根墩承担的处理面积，虽然费用较高，但结果可靠。在设计时，如需要预估强夯置换碎（块）石墩复合地基的承载力容许值，可按下式进行估算。

$$f_{sp,k}=mf_{pk}+(1-m)f_{sk} \tag{4-33}$$

或

$$f_{sp,k}=[1+m(n-1)]f_{sk} \tag{4-34}$$

式中　$f_{sp,k}$——复合地基承载力容许值；

　　　$f_{p,k}$——墩顶承载力容许值；

　　　$f_{s,k}$——墩间土承载力容许值；

　　　m——墩土面积置换率；

　　　n——墩土应力比，一般可取 $3\sim6$。

（2）强夯置换碎（块）石墩复合地基沉降计算。强夯置换碎（块）石墩复合地基的总沉降量包括两部分，即复合地基加固区以下土层的沉降量和复合地基加固区的沉降量。

采用分层总和法进行计算。其中复合地基加固区的沉降量采用复合地基压缩模量进行计算，用式（4-35）估算。

$$E_{sp}=[1+m(n-1)]E_s \tag{4-35}$$

式中　E_{sp}——复合地基的压缩模量；

　　　E_s——墩间土地基的压缩模量。

3. 整体置换地基的计算

采用强夯置换法对地基进行整体置换时，可将整个置换体当成一个碎（块）石垫层，按

换土垫层进行计算。

(1) 整体置换地基承载力计算。置换体本身的承载力应通过现场载荷试验确定，无现场载荷试验时，当整体置换厚度不小于基础宽度的一半时，置换体的承载力容许值可根据垫层的质量情况取 200~400kPa。

置换体下卧层应进行承载力验算，即置换体下卧层的顶面所受到的全部压力不应超过下卧土层的经深度修正后的承载力容许值。下卧土层顶面的荷载采用压力扩散法进行估算。

(2) 整体置换地基沉降量的计算。强夯置换的整体置换地基的总沉降量（S）主要由两部分组成（$S=S_1+S_2$），一部分是置换体底部下卧土层的沉降量（S_1），另一部分是置换体本身的压缩变形产生的沉降量（S_2）。

置换体底部下卧土层的沉降量（S_1）可按分层总和法进行计算；而置换体本身的压缩变形产生的沉降量（S_2）则可按式（4-36）计算。

$$S_2=\frac{(p_0+p_z)H_p}{2E_s} \tag{4-36}$$

式中　S_2——置换体本身的压缩变形沉降量；

　　　p_0——置换体顶部应力；

　　　p_z——置换体底部应力；

　　　H_p——置换体厚度；

　　　E_s——置换体的压缩模量。

置换体的压缩模量取 30~50MPa，根据置换体本身的材料性质、施工质量和置换体的压密程度取值。

4.3.4　强夯置换工程质量检测

为保证强夯置换工程的质量，在强夯置换施工完成后应进行必要的抽样检测。检测项目主要有强夯置换碎（块）石墩的体形和深度、强夯置换碎（块）石墩的承载力、强夯整体置换地基加固深度以及强夯置换复合地基的承载力和变形模量等。

1. 强夯置换碎（块）石墩的体形和深度检测

强夯置换碎（块）石墩的体形和深度检测，常用的方法主要有开挖、钻孔、重型动力触探、探地雷达和瑞利波法等。开挖检测直观、结果可靠，但费用高、实施难度大，对一般工程应用较少，仅在重大型工程中采用。由于一般工程地质钻机难以在强夯置换碎（块）石墩体上成孔，钻孔法检测常采用斜钻方法探求墩体的外形或采用潜孔锤钻孔检测。目前用探地雷达探测和瑞利波对置换碎（块）石墩的体形和深度进行检测，这是一种间接的检验方法，需与其他方法进行比较。

2. 强夯置换碎（块）石墩的承载力检测

强夯置换碎（块）石墩的承载力检测常采用载荷试验方法，载荷试验采用承压板面积与墩顶面积相同的圆形压板。

3. 强夯整体置换地基的深度检测

与强夯置换碎（块）石墩的体形和深度检测类似，强夯整体置换地基的深度检测主要采用钻孔检测、重型动力触探、探地雷达探测和瑞利波法检测等方法。

4. 强夯置换复合地基的承载力和变形模量检测

强夯置换复合地基的承载力检测常采用载荷试验法或采用单墩和墩间土分别进行载荷试

验的方法，对于墩间土还采用其他的多种原位测试和钻孔取样分析以及瑞利波检测方法。

由于强夯置换碎（块）石墩直径较大，单墩所控制的加固面积较大，因此强夯置换复合地基的承载力检测常采用单墩复合地基载荷试验，载荷试验的方法应符合工程的实际情况。

如受实际工程条件的限制，采用墩和墩间土分别进行载荷试验的方法，按式（4-33）或式（4-34）计算复合地基承载力。墩间土载荷试验可用正方形或圆形压板，其边长或直径不宜大于 0.8 倍净墩间距，同时压板面积不宜小于 $0.5m^2$。这种分别试验的方法，其载荷试验条件很难与实际情况相符合，另外，墩间土试验的压板尺寸小，也不足以反映厚层土的情况。

4.4 换土垫层法在鲁西南公路建设中的应用

在鲁西南的公路建设中应用换土垫层法处理浅层冲积土软基的工程实例很多，换土垫层法的设计参数和影响因素较多，如垫层厚度、垫层强度、施工技术和施工机械、处理后地基的承载力及沉降量、地基加固费用、工期、对环境的影响等。在这些参数中，主要是加固后地基的承载力 f_s 及容许沉降量 S_s。f_s 可由填土路基高度和路面厚度及交通等效荷载来确定，沉降量 S_s 由加固区与结构物的相对位置来确定，可查有关规范。

$$f_s = \gamma_1(h_1 + 0.8) + h_2\gamma_2 \tag{4-37}$$

式中　γ_1——路堤填土重度，取不同压实度重度的加权平均值，无资料时取 $\gamma_1 = 19kN/m^3$；

　　　γ_2——面层各结构层重度的加权平均值，无资料时可取 $\gamma_2 = 23kN/m^3$；

　　　h_1——路堤填土高度，m；

　　　h_2——路面结构层厚度，m；

　　　0.8——等效交通荷载。

4.4.1 确定施工方案

方案的优化设计主要是以加固后的地基承载力和工后地基沉降量小于控制值为目标，来确定垫层厚度 H、垫层材料及加固每平方米的工程费用 W。然后根据其他制约条件，如工期、环保、施工工艺和难易程度等要求，对垫层厚度及所用材料做适当调整，得到最终设计结果。根据鲁西南浅层软基处理的经验总结，换土垫层法应按以下步骤进行优化设计。

（1）根据地质结构及各土层土的物理力学参数，换土垫层法可填筑的材料，采用经验（规范）公式或已建工程现场试验结果，经计算分析画出垫层材料、垫层厚度、费用、加固后的地基承载力、工后地基沉降量的关系图。

图 4-12 是济菏路十一合同段一鱼塘换土垫层法设计计算结果图。从图可知，在其他条件相同时，增加垫层厚度可增加人工地基的承载力，减少地基沉降量，但工程费用会相应地增加，当然工期也会相应地增加。改变垫层填筑材料，也能改变承载力、地基沉降量和费用，但改变垫层厚度比改变垫层材料对地基承载力和沉降量的影响要大得多。

（2）以已确定的要求地基承载力 f_s 和沉降量控制值 S_c，从图 4-12 中可找出费用 W 最少的设计参数、垫层厚度以及垫层材料类型。

（3）根据工期、环保要求及施工水平，对垫层厚度及材料类型做适当调整，最后得到最优设计参数。当然图中只画出片石挤淤和黏土作为垫层材料的情况，同理也可再画出不同的垫层，如砂、碎石、粉煤灰、石灰土、水泥土和不同的施工方法如夯击置换、爆破挤淤等与

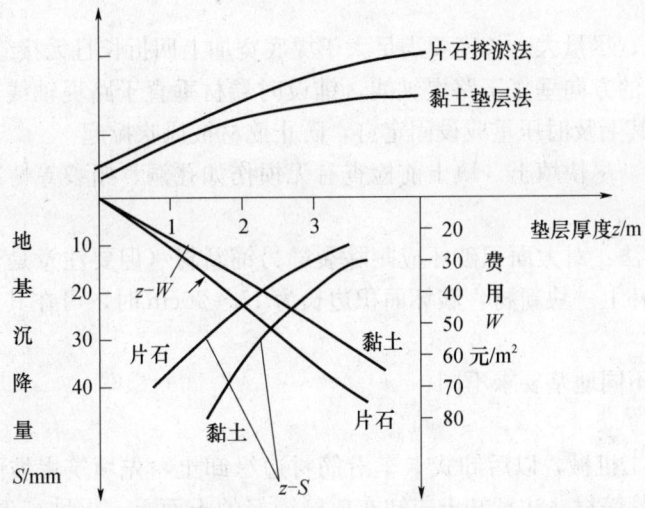

图 4-12 换土垫层法厚度、材料、承载力、沉降量、费用关系

费用、沉降和垫层厚度的关系曲线,使优化选择范围更大一些,结果会更优。

根据换土垫层法设计理论和步骤,经分析计算及现场试验,确定济菏高速十一～十四合同段软基换土处理施工方案如下:

(1) 换土垫层材料:硬质岩片石,最大片石尺寸不大于垫层厚度的 1/3,不小于 0.3m。

(2) 处理深度:采用换土法时,要挖至地基承载力 $f_a \geqslant 120$kPa 的地层,再回填片石;采用抛片石挤淤法时,片石应能沉到地基承载力 $f_a \geqslant 120$kPa 的地层。

(3) 处理宽度:横断面坡脚以外 2～3m。

(4) 施工方法:①采用片石换土时,分层填片石,第一层的厚度以振压机械能正常碾压为标准,一般可为 0.8m,从第二层起厚度为片石最大尺寸的 3 倍为标准。②用静压机械和振压组合碾压,先用碎石填满空隙,静压两边,然后振动碾压,直至稳定。

(5) 质量标准和检测方法:按照有关规定中石方填筑路基的质量标准和方法等进行质检。

4.4.2 采用加筋法处理不均匀沉降过大的路段

由于济菏高速十一～十四合同段沿线坑塘分布无规律,大小不同,加上表层软土层厚度不均匀,所以用挖填法处理表层软基,因处理的深度和分布不均匀,路基必然存在一定的工程隐患,如沿线路纵向或横向地基土层强度不均匀,造成过大的不均匀沉降,影响路面的平整度,甚至造成面层拉裂缝,因此,在挖填法处理的同时,采用土工合成材料加筋法处理过大不均匀沉降路段。

土工合成材料是岩土工程应用的合成材料产品的总称。它以人工合成的高分子聚合物为原料,如合成纤维、合成橡胶、合成树脂、塑料或者一些天然的材料,制成各种类型的产品,置于路基土体内部、表面或各层土体之间,来改善土体性能和保护土体,减少沉降量和沉降差。下面简要介绍土工合成材料加筋处理一般路基的施工要点。

施工程序对软弱地基上加筋效果十分关键,如果工序不当,会使筋材破坏,引起地基不均匀沉降,甚至造成路堤失事。

(1) 准备场地,整平底面。

(2) 铺设筋材。

① 筋材要求幅宽尽量大,长度要满足大于堤底宽加上回折长且无接缝。

② 筋材强度大的方向垂直于路堤轴线,铺设时卷材垂直于路堤轴线,平顺展铺;拉紧勿使皱褶,常需在其上及时压重或设固定钉,防止筋材被风吹掀起。

③ 筋材铺好后,尽快填土,填土前检查有无损伤如孔洞、撕裂等情况,如有损伤应及时补救。

④ 筋材补救方法:对大面积破坏应割除裂缝另铺新材(但要注意是否满足受力要求),小裂缝、孔洞则缝补上一块新材,破坏面积边长为15~20cm时,可在其上搭接新材,各边不小于1m。

(3) 填土。对不同地基要求不同。

① 极软地基

a. 采用轻型施工机械,以后卸式卡车沿筋材边缘卸土,先填筑堤坡两侧坡趾处、桥台和交通道,旨在拉紧筋材。注意卸土应卸在前已铺好的土面上,土堆高不得超过1m,用轻型推土机或前端装载机散土。

b. 第一层填土施工机械只允许顺路堤轴线方向运行,不得回折。施工机械形成的车辙不要超过7~8cm。第一层压实仅能靠推土机或前端装载机等轻型机械,当填土厚0.6~0.7m后才能用平碾等压实。填土应碾压到设计规定的密度,并控制施工填土的含水量。

② 一般地基

a. 铺设筋材不得有褶皱,并要拉紧。

b. 填土从中心向外侧,对称进行,平面上使其呈中凸形。使筋材一直受拉,填铺土厚不能过高,防止局部下陷。第一层即可用平碾及汽胎碾,不要过压。

5 堆载预压法处理公路软土地基

堆载预压排水固结简称堆载预压，在上部荷载作用之前，对天然地基施加荷载预压，同时采取措施加速土中排水，使土体孔隙减小，逐渐固结，提高软土地基承载能力，减小沉降。堆载预压方法施工简单、造价低，是鲁西南高速公路软土地基处理的主要方法。根据工程容许沉降量要求，可采用等载预压排水固结法（简称等载预压法）或超载预压排水固结法（简称超载预压法）加固地基。

5.1 堆载预压法的原理及作用

5.1.1 堆载预压原理

堆载预压方法加固软土地基的原理是在路面施工之前，依据排水固结原理，将相等或大于设计的荷载堆积在地基上，使软土内孔隙水缓慢排出，逐渐固结，有效应力不断增加，地基在压密变形过程中，承载力提高、沉降减小。高速公路软土地基经施工期预压后，可完成大部分（>80%）或绝大部分（>90%～95%）的沉降。预压完成后卸去超载部分的预压荷载，地基会有些回弹。交付使用后，地基承受使用荷载再次沉降，若预压荷载设计合理、预压时间充足，工后沉降量将很小，能满足工后沉降要求。图 5-1 为十一至十四合同段等载预压地基沉降过程示意图。

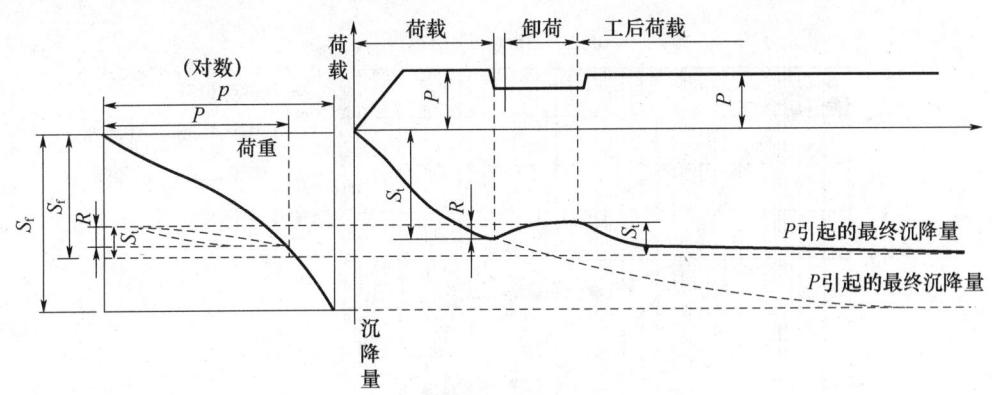

图 5-1 等载预压地基沉降过程示意图

采用堆载预压方法处理饱和软土（如淤泥）的渗透系数较小，在附加应力作用下排水能力一般较低，因而固结速度非常慢。按太沙基（Terzaghi）一维固结理论，固结时间与排水距离的平方成正比。为了加快排水速度，缩短土体固结的时间，在软基处理设计方案中一般都设置水平向排水垫层和竖向排水体。水平向排水垫层采用砂垫层或碎石垫层，竖向排水体采用袋装砂井或塑料排水板。图 5-2 为垂直排水堆载预压固结法示意图。当软土层靠近地表、较薄且施工时间较长时，可在地表铺设一定厚度的砂垫层而不设竖向排水体。济菏高速公路预压段地下水位一般在地面以下 1~2m，且表层多为厚度在 3m 左右的粉质砂土，有些路段地基土层存在连续薄砂层，所以地基横向和竖向渗透性都比沿海饱和软黏土大，故不设竖向排水体，而依靠自然地基横向排水。

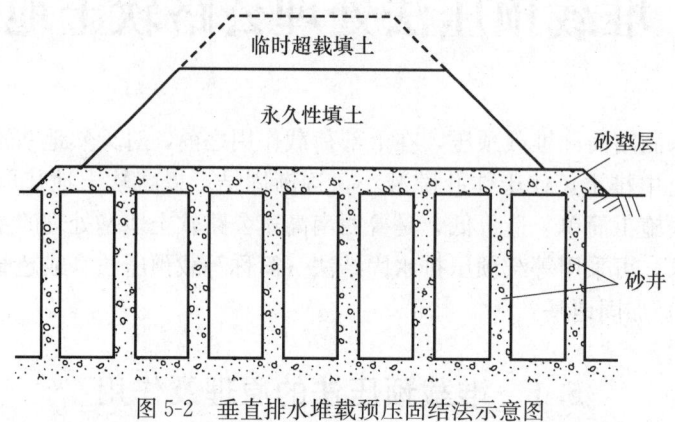

图 5-2 垂直排水堆载预压固结法示意图

采用堆载预压方法处理软基时，堆载材料一部分是路堤本身填料，另一部分是超载的重物。具体实施时，堆载按规定的方法和速度逐步堆放到路堤地基上。如采用超载预压，预压完成后需将超载即路床标高以上的堆载卸出路堤。

5.1.2 堆载预压的作用

1. 加速软基的固结沉降

试验研究结果表明，超载或等载预压可以明显加速软基的固结沉降，从而缩短工期，减少工后沉降。图 5-3 为济菏高速公路冲积粉质黏土的室内压缩（竖向双面排水）试验结果。

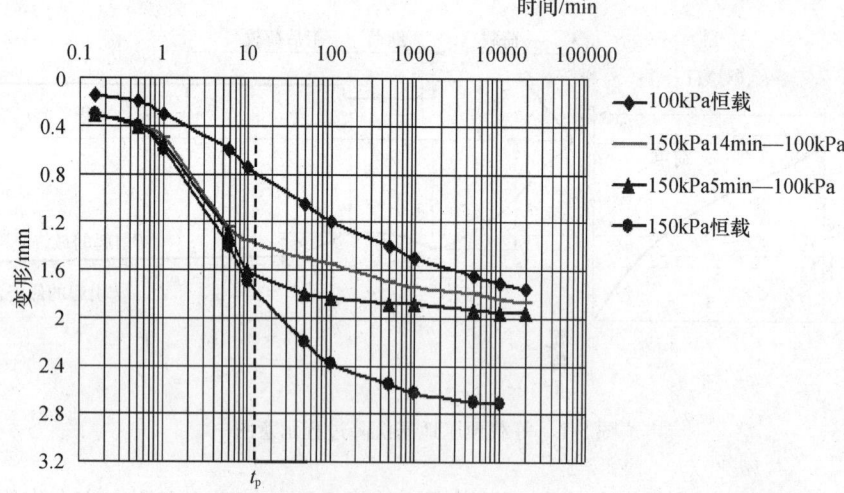

图 5-3 济菏高速公路冲积粉质黏土的室内压缩（竖向双面排水）试验结果

在压力为 150kPa 时，预压 5min 和 14min 后，同样卸载到 100kPa，试验结果显示后者的变化率明显小于前者，说明了超载时间的意义，即超载必须有一定的时间才能达到效果。同时，还说明超载能够减小工后沉降。从 t_p 时刻卸载试验中可以看到，150kPa 预压 14min 后卸载到 100kPa 的后期变形，较 150kPa 预压 5min 卸载到 100kPa 的后期变形小得多。图 5-3

说明超载可以使等载的变形提前完成，150kPa预压14min即t_p时刻的变形已经与100kPa的最终沉降相当。

2. 减少工后沉降

对于鲁西南高速公路软土地基，主固结沉降在两年多的工期内已基本完成，工后沉降主要是由次固结沉降构成。对于软土特别是有机质含量高的淤泥、泥炭土，其次固结沉降是构成地基工后沉降的主要部分。而采用超载预压的方法对于减少永久荷载作用下的次固结沉降，即地基工后沉降效果显著。计算如下：

$$S_s = C_a H_p \cdot \lg \frac{t_s}{t_p} \tag{5-1}$$

式中 C_a——主固结终了时刻t_p以后次固结系数；

H_p——时刻t时的土层厚度；

t_s——某时刻的次固结时间；

t_p——主固结时间。

超载维持到 $(\overline{U}_2)_{f+s} = \dfrac{S_f + C_a H_p \cdot \lg \dfrac{t_s}{t_p}}{S_{f+s}}$ 的固结度时，可减少次固结沉降，即消除大部分工后沉降或者工后沉降在许可范围内。

3. 消除地基不均匀沉降

软土地基不均匀沉降过大会引发许多路面病害，如引起路面纵、横向裂缝，导致路面结构破坏，在结构物与路堤结合部位引起跳车现象，影响线路的顺畅，在路面中心部位积水。

(1) 冲积软土地基不均匀沉降主要发生部位

① 路堤中心与路肩容易发生不均匀沉降。

② 结构物与路堤结合部位置，如桥头部位、涵洞两侧。

③ 软基沿路堤横断面分布不均匀，即一边较薄、一边较厚。

④ 分布在洼地的软土与路线方向分布不均匀。

⑤ 软基上高速公路扩建，新旧路面结合部。

(2) 高速公路软基处理中减少不均匀沉降的措施

① 一般处理措施。如铺设两层以上的土工织物、复合地基处理、路面调整等工程措施。但有效的方法是超载预压方法，使之提前发生沉降，减少工后沉降。

② 一般软基处理措施。对于一般软基可采用超载预压方法，超载1.0~1.5m填土，超载时间不少于6个月或沉降速率连续60d在0.2mm/d以下。

③ 特殊路段处理措施。桥头过渡段50m范围内，涵洞两侧30m范围内，超载1.5~2.0m填土，并保持足够的超载时间，通常6个月以上或超载后沉降速率连续60d在0.2mm/d以下。

④ 其他路段处理措施。其他路段可以采取上述类似的措施处理，超载处理方法可以和其他方法同时使用。如加设两层以上的土工织物调整应力等。

由于高速公路软基路堤填土比较高，确保在地基不失稳的前提下进行超载。

4. 确保卸载后各施工阶段和营运期间的稳定性

营运期间的汽车荷载（最大荷重可折算0.8m左右的填土荷载）不会引起地基失稳，除非地基的边界条件发生重大变化。

5.2 堆载预压法设计

5.2.1 设计程序

软基预压加固设计，应对设计内容中各项因素充分调查研究，进行技术和经济比较，综合、客观、科学地予以评价，以确定最优的软基加固实施方案。设计程序如框图 5-4 所示。

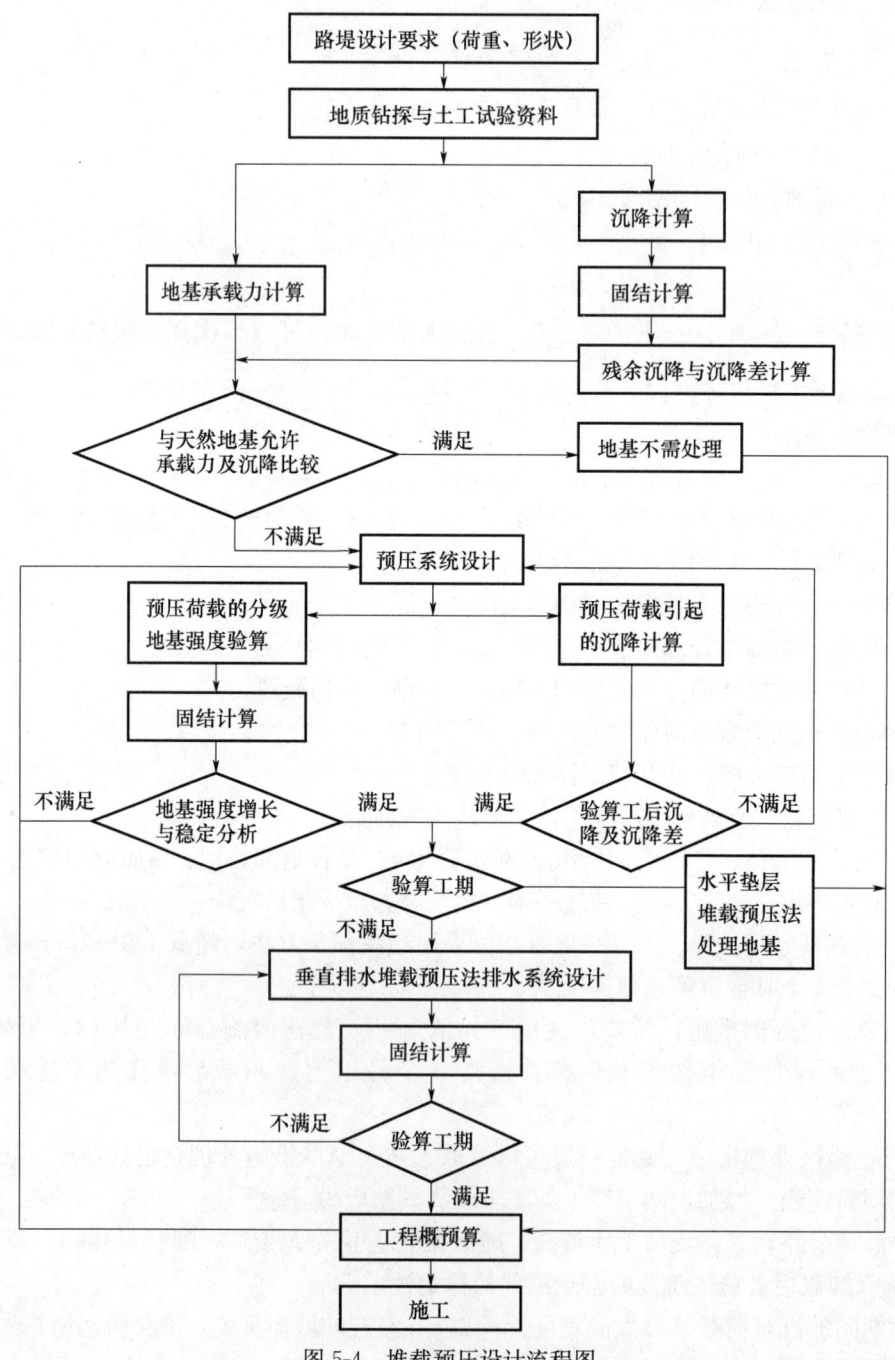

图 5-4 堆载预压设计流程图

5.2.2 设计资料

1. 路堤设计与使用要求资料

路堤设计方案、地基荷载的大小、对沉降（包括工后沉降和沉降差）的要求。

2. 工程地质资料

地质钻孔平面布置图及地层柱状图、土工试验资料。对软土除土的物理力学指标外，还有与土的固结性能有关土性的资料，如土的成因、层理、砂夹层、地下水及其补给情况，应力历史与应力水平，现场实测固结系数，先期固结压力，十字板强度指标，软土层底硬面的倾斜度及起伏状态等，以及与地基稳定性有关的软土层底的倾斜度和起伏状态，盲沟和古河道的分布情况等。

3. 施工条件

工期的要求、施工期内要求完成的固结度、路堤填料和超载材料的来源与供应情况、自然条件等。

5.2.3 设计原理

在冲积土软基上修建高速公路，为了缩短预压时间、争取工期、减少工后沉降，可采用超载预压方法，如图 5-5 所示。

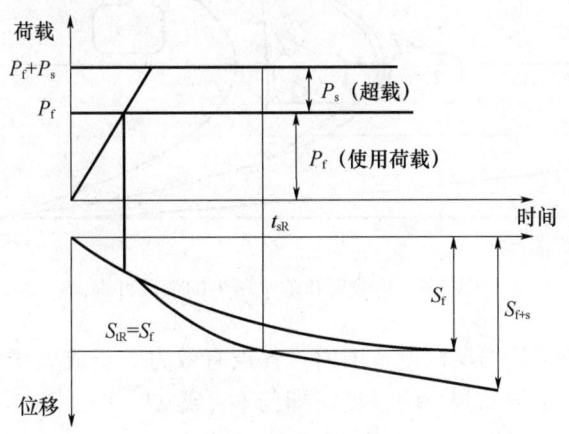

图 5-5 超载预压荷载与沉降关系曲线

预压过程中任一时间地基的沉降量可表示为

$$S_t = S_d + \overline{U}_t S_c + S_s \tag{5-2}$$

式中 S_t——时间 t 时地基沉降量；

S_d——剪切变形而引起的瞬时沉降；

$\overline{U}_t$——t 时刻地基平均固结度；

S_c——主固结沉降；

S_s——次固结沉降。

应用式（5-2），可确定在给定的超载 P_s 下达到预定沉降量所需要的时间，具体确定方法如下。

在设计高度 H 作用下，地基总沉降量用规范推荐的分层总和法计算；固结沉降速率可采用袋装砂井（或塑料排水板）处理方案中在地基逐渐加荷条件下其固结度的计算。根据计算可得，在设计高度多级加载情况下沉降-时间变化曲线；如果进行超载，同样可以计算出在加载情况下沉降-时间变化曲线。如图 5-5 所示，只要将超载保持到时间 t_{sR}，使超载作用下 t_{sR} 时刻地基的固结沉降量等于使用荷载下的最终沉降量或等于许可沉降量 $S_{tR}=S_f$，即得到所需要超载时间的理论预压时间。这时土层在超载条件下的平均固结为 $\overline{U}_{sR}=S_f/S_{s+f}$。

山东地区多条高速公路工后沉降观测资料显示，尽管部分路段进行了等载或超载预压处理，但个别路段总有工后沉降发生，甚至有的还较大。原因是超载时间较短，且采用一刀切的卸载时间，使某些路段超载产生的超静孔隙水压力还没有消散到应有的水平就卸载。

图 5-6 为超载后孔隙水压力的消散过程。在上下双面排水情况下，如果在 t_2 时刻卸载，则 H_A 至 H_B 范围内的土层尚有部分孔压有效应力 σ'_{t2} 还没有达到 σ'_0+P_f，超载卸载后孔压会继续消散产生沉降变形。超载孔压消散到 t_3 时刻的水平，超载卸除后则不会因孔压消散引起后期变形。在超载情况下，地基平均固结度 $\overline{U}_{sR}$ 应达到式（5-3）的要求：

$$(\overline{U}_2)_{f+s}=\frac{P_f}{P_f+P_s} \tag{5-3}$$

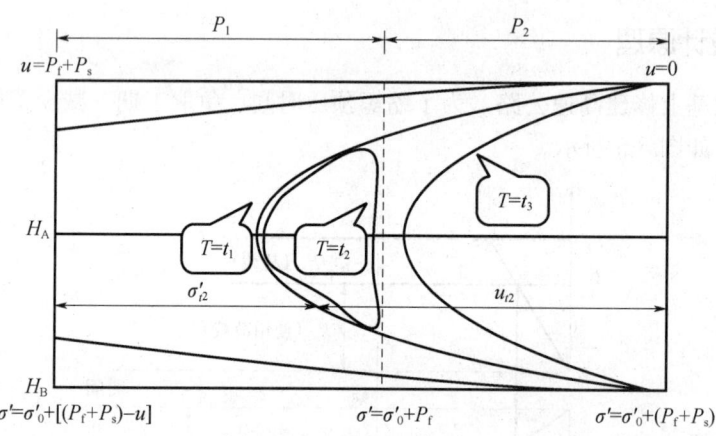

图 5-6 超载后孔隙水压力的消散过程

即要使得预压荷载下压缩层深度范围内，各点有效力等于或大于使用荷载下的总应力；超载要持续到保证孔压消散到相当的程度，即与 $\overline{U}_{sR}$ 或 $(\overline{U}_2)_{f+s}$ 相对应的时间。根据 Terzaghi 固结理论，可按下式计算：

$$t=\frac{TH^2}{C_v} \tag{5-4}$$

式中　C_v——水平排水固结系数；

　　　H——排水距离（袋装砂井间距）。

实际上，若将超载保持到 P_f 作用下所有点都完全固结，那样加固土层的大部分都应处于超固结状态。

5.2.4　预压系统设计

预压系统是促使软土颗粒间自由水排出的动力，是堆载预压方法得以实施的基础。预压系统设计包括以下内容。

（1）堆载材料的选择。能保证路堤压实度要求的材料均可作为路堤堆载材料，如黏性土、粉性土、中粗砂，以及人工配制的轻质土等，需从经济性、可操作性和对环境的影响等几方面考虑。

（2）预压荷载的确定。预压荷载需要根据使用要求的承载力、施工期要求完成的沉降量和土的性质等因素确定，一般应等于使用荷载。当为了加速固结、缩短堆载预压时间，或为了进一步减小工后沉降量时，常采用加大预压荷载的措施，使施工期完成的沉降量大于使用要求的沉降，提高预压效果，即为超载预压。是否需要采用超载预压措施，需根据工程的性质、对工后沉降量要求的程度确定，同时要考虑预压荷载应小于极限荷载 p_u，以免地基发生滑动破坏。

（3）预压荷载分级。采用堆载预压时，为避免地基发生过大塑性变形而失稳，需要控制加载速度和分级加载，使其与地基土的强度增长速度相适应。填筑每级预压荷载都不要超过前级荷载作用下地基强度增加后的容许承载力。强度增量计算过程如下：

① 利用天然地基土的抗剪强度，计算第一级容许施加的荷载 p_1。对于路堤等长条形填土，根据 Fellenius 公式估算：

$$p_1 = \frac{5.52C_u}{K} \tag{5-5}$$

式中　C_u——天然地基土的十字板剪切强度，kPa。

② 计算第一级荷载下地基强度增长值。经 p_1 荷载作用后，地基的强度提高为 C_{u1}。

$$C_{u1} = \eta(C_u + \Delta C_u') \tag{5-6}$$

式中　$\Delta C_u'$——p_1 作用下地基固结增长的强度，与土层的固结度有关，常取固结度达 70% 的强度；

　　　η——考虑剪切蠕动的强度折减系数。

③ 计算 p_1 作用下，地基达到能承担下一级荷载要求的固结度及所需要的时间。确定第一级荷载间歇的时间，即第二级荷载开始施加的时间。

④ 计算第二级所能施加的荷载 p_2。

$$p_2 = \frac{5.52C_{u1}}{K} \tag{5-7}$$

同样，计算 p_2 作用下地基固结度达 70% 时的强度及所需的时间，计算第三级所能施加的荷载，依次类推可计算出以后各级荷载及间歇时间。

⑤ 在确定初步加荷后，应进行每一级荷载下地基的稳定性验算。如稳定性不满足要求，则应调整加荷。

⑥ 计算地基填筑期间的沉降量和预压期间的沉降量。确定预压荷载卸除的时间；校核地基在预压荷载下是否能完成设计要求的沉降量；工后沉降能否满足质量控制标准。

5.2.5　排水系统设计

排水系统包括作为水平排水的排水垫层和设于其间的盲沟，以及排水垫层外的排水沟。对于较厚的软土层，必须采用竖向排水体缩短排水的路径，加快排水的速度，以保证加固地基的效果。具体排水系统，应根据地基的土质情况、软土层的厚度、路堤填筑高度等确定。

1. 排水砂垫层

（1）排水垫层的材料。一般为含泥量少的中粗砂、无纺土工布等，同时起到一定的反滤作用。在砂源缺乏的地方，也可用粒径小于 10cm 的碎石渣作为排水垫层。淤泥地基上修筑高速公路路堤垫层时，为了防止路堤垫层的砂碎石材料陷入淤泥中，可先在淤泥表面铺1～2

层编织土工布，起隔离、传力均匀和加筋作用。

（2）排水垫层的面积与厚度。排水垫层的铺垫面积应大于路堤的外轮廓面积，即宽度至少要超过路堤两侧坡脚 0.5m，砂垫层厚度随铺设的方法和地基沉积情况而定，一般在 40~100cm，同时应考虑满足一定的承载力要求。

2. **竖向排水体**

（1）材料。竖向排水体常用的有普通砂井、袋装砂井、塑料排水板（带）三种。

① 普通砂井。陆上砂井直径为 20~60cm，水上砂井直径为 40~100cm。砂井用中粗砂。

② 袋装砂井。常用的袋装砂井直径为 7cm，采用的是洁净中粗砂，含泥量不大于 3%。

③ 塑料排水板（带）。通常使用的是滤套缝合式和滤套黏合式排水板（带），断面形状多为口琴式。

（2）平面布置。竖向排水板一般按正三角形或正四方形布置，排水板的间距 d 取 1.0~2.0m。具体布置和间距应根据允许加固时间的长短、土质情况及工程费用等确定。有效排水圆柱体的直径 d_e 为：

正三角形布置时

$$d_e = 1.05d \quad (5-8)$$

正四方形布置时

$$d_e = 1.13d \quad (5-9)$$

（3）塑料排水板换算直径。国内大量的室内及现场试验研究结果表明，常使用的断面为 100mm×4mm 的塑料排水板，其排水加固地基的效果与 7cm 直径袋装砂井排水加固的效果相同，因而可折合成 7cm 直径的砂井进行设计。亦可按下式计算塑料排水板的换算直径 d_w：

$$d_w = \alpha \frac{2(a+b)}{\pi} \quad (5-10)$$

式中 α——换算系数，无试验资料时可取 $\alpha = 0.75~1.00$；

a——塑料排水板的宽度；

b——塑料排水板的厚度。

（4）竖向排水板的插设深度。竖向排水板的插设深度一般应达处理软土层底。若软土层较厚，排水板应达到压缩层底部的位置。

3. **盲沟及排水沟**

为了让排水垫层中的水能尽快顺畅地排到加固区外，最好在排水垫层底下间隔着设置盲沟。盲沟可选用塑料盲沟，也可用传统的碎石盲沟。盲沟的坡度一般为 1/1000，与设在加固区外的排水沟连通。

5.2.6 固结计算

地基总的固结度 U 按式 (5-11) 计算：

$$U = 1 - U_r(1 - U_z) \quad (5-11)$$

式中 U_z——竖向固结度；

U_r——水平向或称径向固结度。

1. **竖向固结度 U_z 的计算**

对于工程问题，取太沙基（Terzaghi）瞬间加荷条件下，竖向平均固结度理论公式的第

一项即

$$\bar{U}_z(t) = 1 - \frac{8}{\pi^2} e^{-\frac{\pi^2 T}{4}} \tag{5-12}$$

2. 径向（水平向）固结度 U_r（U_h）的计算

径向（水平向）固结度的计算方法有两类，一类是按巴隆（Barren）提出的理想井的计算方法，第二类是由谢康和提出的非理想井的固结计算方法。对于断面小、井径比＞15 的竖向排水体（如塑料排水板），加固深度＞15m 时，宜按非理想井的情况进行固结计算。当采用套管挤压方式施工时，对含薄粉砂夹层的土层应按非理想井的情况进行固结计算。

(1) 按理想井固结计算

① 预压荷载为瞬间施加的情况。总固结度 U 按式（5-11）计算，竖向平均固结度 $\bar{U}_z$ 按式（5-12）计算，径向（水平向）平均固结度 $\bar{U}_r$（$\bar{U}_h$）按式（5-13）计算：

$$\bar{U}_r(t) = 1 - e^{-\frac{8T}{F(n)}} \tag{5-13}$$

② 预压荷载分级施加的情况。按改进高木俊介方法计算。等速多级加荷时的修正平均固结度可按式（5-14）计算：

$$U_{rzt} = \sum_{n=1}^{n} \frac{q_n}{\sum \Delta p} \left[(t_n - t_{n-1}) - \frac{\alpha}{\beta} e^{-\beta t} (e^{\beta t_n} - e^{\beta t_{n-1}}) \right] \tag{5-14}$$

式中　t——所求固结度的历时；

t_n，t_{n-1}——第 n 级等速加载终点和始点的时间（从零点记起），当计算某一级等速加荷过程中时间 t 的固结度时，t_n 改为 t；

α，β——计算参数，可从一般地基手册中查到。

(2) 按非理想井设计计算

① 同时考虑井阻和涂抹作用的固结计算。谢康和（1987 年）给出了理论解。地基中任意深度 z 处瞬时加荷时径竖向排水组合的固结度为

$$U_{rz} = 1 - a e^{-\beta_{rz} t} \tag{5-15}$$

其中，$a = \frac{8}{\pi^2}$。

$$\beta_{rz} = \frac{\pi^2 C_v}{2H^2} + \frac{8C_h}{(F' + \pi G) d_e^2}$$

$$F' = \ln\left(\frac{n'}{s}\right) + \left(\frac{K_h}{K_s}\right) \ln s - \frac{3}{4}$$

式中　G——井阻因子；

n'——井径比，$n' = d_e/d_w$；

d_w——竖向排水体直径，塑料排水板为折算直径；

s——涂抹比，$s = d_s/d_w$；

d_s——排水井涂抹层的直径；

K_n，K_s——地基土、涂抹层土和排水板渗透系数。

② 同时考虑井阻和涂抹作用分级施加预压荷载的固结计算。工程上一般为分级加载，结合上述固结理论，应用式（5-14）可得分级加载的地基平均固结度，但 β 由式（5-16）计算：

$$\beta = \frac{\pi^2 C_v}{4H^2} + \frac{8C_h}{(F + j + \pi C) d_e^2} \tag{5-16}$$

式中 H——固结土层竖向排水最长的渗透途径；

j——涂抹因子，$j=\ln s\left(\dfrac{K_s}{K_{s-1}}\right)$；

F——井径比因子，$F=\ln(n')-\dfrac{3}{4}$。

3. 竖向排水体未打穿软土地基时的固结理论

若软土层较厚，竖向排水板未能打穿软土层。设竖向排水板打设深度为 L，压缩层范围内软土层未设置竖向排水板区厚度为 H，在荷载作用下地基平均固结厚度 $\overline{U}$ 可采用下述方法计算：排水体区平均固结度 $\overline{U}_{rz}$ 采用式（5-15）计算；未设竖向排水体区平均固结度 $\overline{U}_z$ 采用一维固结理论计算，计算时将排水体底面视为排水面。整个软土层平均固结度 $\overline{U}$ 采用下式计算：

$$\overline{U}=\lambda\overline{U}_{rz}+(1-\lambda)\overline{U}_z \tag{5-17}$$

式中 λ——竖向排水体深度与软土层总厚度之比值，$\lambda=L/(L+H)$。

5.2.7 排水预压地基抗剪强度的增长计算

在预压荷载作用下，地基土体发生排水固结，地基中某点某时刻的抗剪强度可以表示为

$$\tau_{ft}=\tau_{f0}+\Delta\tau_{fc}-\Delta\tau_{fs} \tag{5-18}$$

式中 τ_{ft}——地基中某点某时刻的抗剪强度，kPa；

τ_{f0}——地基中某点初始抗剪强度，可用十字板或无侧限抗压强度试验及三轴不排水剪切试验确定，kPa；

$\Delta\tau_{fc}$——由于固结而产生的抗剪强度增量，kPa；

$\Delta\tau_{fs}$——由于剪切蠕动及其他因素引起的抗剪强度衰减量，kPa。

如果加荷速率控制得当，有充分时间让孔隙水压力消散，一方面可使 $\Delta\tau_{fc}$ 增长，另一方面也可减少 $\Delta\tau_{fs}$，从而使 $(\Delta\tau_{fc}-\Delta\tau_{fs})$ 成为正值；反之，则可能使之成为负值。

目前常用的预估抗剪强度增长的方法有如下几种。

1. 有效应力法

由于剪切蠕动所引起的强度衰减部分 $\Delta\tau_{fs}$ 目前尚难确定，式（5-18）改写为

$$\tau_{ft}=\eta(\tau_{f0}+\Delta\tau_{fc}) \tag{5-19}$$

式中 η——考虑剪切蠕变及其他因素对强度影响的一个综合性折减系数。它与地基土在附近抗剪强度增量 $\Delta\tau_{fc}$ 的估算公式为

$$\Delta\tau_{fc}=KU_t\Delta\sigma_1 \tag{5-20}$$

$$K=\dfrac{\sin\varphi'\cos\varphi'}{1+\sin\varphi'}$$

式中 φ'——土体有效内摩擦角；

$\Delta\sigma_1$——荷载引起的地基中某点的最大主应力增量，kPa；

U_t——地基中某一点的固结度，为简便计算，常用平均固结度代替。

2. 有效固结压力法

对于正常固结饱和软土，其抗剪强度为

$$\tau_f=\sigma_c'\tan\varphi_u \tag{5-21}$$

式中 σ_c'——有效固结压力，kPa；

φ_u——由固结不排水试验测得的内摩擦角，也可根据天然地基十字板剪切试验值与测点土自重应力的比值确定。

由于固结而增长的强度可表示为

$$\Delta \tau_{fc} = \Delta\sigma_1 \tan\varphi_u = \Delta\sigma_z U_t \tan\varphi_u \tag{5-22}$$

式中 $\Delta\tau_{fc}$——由于固结而产生的抗剪强度增量，kPa；

$\Delta\sigma_z$——预压荷载引起的该点的附加竖向应力，kPa。

3. 含水量法

$$\tau_f = \tau_0 \exp\frac{\omega_0 - \omega}{C_f} \tag{5-23}$$

式中 τ_0——天然地基抗剪强度，kPa；

ω_0——天然含水量，%；

ω——任意时刻含水量，%；

C_f——剪损状态下的压缩系数，近似于一般试验中的压缩系数 C_c。

5.2.8 地基稳定性计算

采用堆载预压法加固高速公路软基，需要验算分级堆载预压施工期间地基稳定性以及运营期的地基稳定性。此外，还需根据施工监测到的地基异常动态及时验算地基稳定性。

堆载预压法中的稳定性计算，通常采用圆弧滑动面法。即假定路堤填土和软土地基沿同一圆弧破裂面滑动，计算作用在该圆弧面上的总抗滑力矩和总滑动力矩，或计算作用在该圆弧上各点的总抗滑力和总滑动力，求其整体滑动稳定安全系数。极限稳定滑弧的一般表达式为

$$M_{sd} \leqslant \frac{M_{RK}}{\gamma_R} \tag{5-24}$$

式中 M_{sd}，M_{RK}——分别为滑动面上滑动力矩的设计值和抗滑力矩的标准值；

γ_R——抗力分项系数。

当软土地基土层均匀且较厚时，常采用瑞典法（简单条分法）按圆弧滑动面计算，当土层中有薄的软弱夹层时，滑弧往往会沿着软弱夹层的界面滑动，用复式滑动或折线滑动面验算地基的稳定性。堆载预压法中地基稳定性计算可采用总应力法或有效应力法，一般采用总应力法。对于软土层厚、施工历时较长、地基受到路堤堆载而发生固结的情况，可采用固结有效压力法，也可采用有效应力法；软土层较薄的地基可采用 $\varphi_u = 0$ 法。稳定性计算要根据设计的状况，采用与计算方法相应的土质强度指标。

若最小抗力分项系数不满足规范要求，必须修改预压计划，改变排水系统布置，直到最小抗力分项系数满足要求为止。

5.2.9 沉降量与残余沉降量计算

1. 沉降量计算

排水预压固结法加固软土地基的目的是使地基在相等或大于实际荷载的预压作用下完成预计发生沉降的绝大部分，因此在设计阶段要计算设计荷载（路堤、路面和车辆荷载）作用下可能发生的总沉降量、地基加固施工期可能完成的沉降量、通车营运后还可能发生的残余沉降量。

软土地基的总沉降量（也称最终沉降量）S 由瞬时沉降量 S_d、主固结沉降量 S_c、次固结沉降量 S_s 三部分组成，按下式计算：

$$S = S_d + S_c + S_s \tag{5-25}$$

瞬时沉降量是地基受荷载作用后产生的变形，即所加填筑料陷入软土中和地基土侧面挤出（这时土的体积不变）。这部分沉降量很难通过理论准确计算，也很难现场测量出来，主要是估算，或根据土质情况、施工方法、施工速度等因素考虑一个因侧向变形填料陷入地基引起的附加沉降经验系数 m_d，在黄河冲积平原地区一般为 1.2～1.4，即 S_d 为主固结沉降量 S_c 的 20%～40%。

主固结沉降是由于预压荷载作用使土孔隙中的水排走，土颗粒被挤紧密所发生的沉降。次固结沉降是指在孔隙水压力消散后，土骨架在持续荷载作用下发生蠕变所产生的变形，一般不计算。但是，对高速公路软基，特别是路堤地基中含可塑性大的土和有机质土，次固结沉降占总工后沉降量的比重较大，应考虑。

2. 残余沉降量（工后沉降量）计算

在计算出总沉降量后，可算出设计使用荷载作用下的沉降，也可算出路堤地基的残余沉降（或路堤地基的工后沉降）。其计算式为

$$S_g = S_e + S_c + S_d + S_s - US_{cd} \tag{5-26}$$

式中　S_g——工后沉降量；

S_e——预压卸除后的地基回弹量；

U——施工期间地基完成的平均固结度；

S_{cd}——设计使用荷载作用下的沉降量。

如果计算出的 S_g 超过设计规定，就要重新考虑预压的荷载量、预压分级及预压的时间，必要时返回重新布置排水系统。

5.2.10　堆载预压设计中的问题探讨

堆载预压期间所能完成的沉降大小与预压荷载的宽度（或面积）、预压荷载大小以及预压时间等有关。

预压荷载大小取决于设计要求，对沉降有严格限制的建筑物，采用超载预压法来消除建筑物使用期间的主固结沉降和减小次固结沉降。为了确保预压效果，应满足

$$(P_f + P_s + \sigma_0') > \sigma_p' \tag{5-27}$$

式中　P_f——建筑物使用荷载；

P_s——超载；

σ_0'——有效土自重应力；

σ_p'——土的先期固结压力。

1. 超载预压消除使用荷载下的主固结沉降

使用荷载 P_f 下地基的最终主固结沉降 S_f 通常采用单向压缩分层总和法计算，这部分沉降量通过超载预压完成。在超载预压设计时，需要计算使用荷载 P_f 加上超载 P_s，即 $P_f + P_s$ 荷载作用下地基的最终主固结沉降量 S_{f+s}。为了消除使用荷载下主固结沉降 S_f，只要将超载保留到时间 t_{SR}，此时的沉降 $S_{TR} = S_f$，而 $S_{TR} = \overline{U}_{SR} S_{f+s}$，可求得超载预压需达到的平均固结度为

$$\overline{U}_{SR} = \frac{S_f}{S_{f+s}} \tag{5-28}$$

超载卸除的时间 t_{SR} 可由 $\overline{U}_{SR}$ 求得。为了保证使用荷载下不再产生主固结沉降，取受压层范围内固结系数最小的土层应达到的固结度作为受压土层的平均固结度。对固结系数较高

的土层，预压至时间 t_{SR} 时，固结度将超过所要求的固结度。

在计算沉降时需要考虑堆载因沉降浸入地下水部分所引起的荷载减小。

为了判断土层固结度是否达到设计要求，对各土层进行分层沉降观测和沿深度的侧向位移观测，根据土层预压期间所完成的固结沉降量和根据实测沉降-时间曲线推算的最终固结沉降量，可得到不同时间的土层的平均固结度。

由于孔隙水压力观测简便，工程上常利用孔隙水压力的观测资料，分析判断土层在预压期间所达到的固结度。

土层中任一点的固结度表示为

$$U(z) = 1 - \frac{u_e(z)}{u_{e0}} \tag{5-29}$$

式中　u_{e0}——测点处起始超孔隙水压力；

　　　$u_e(z)$——z 深度侧点的超孔隙水压力。

当超载 P_s 在时间 t_{SR} 卸除时，为了不再产生主固结沉降，应使固结系数最小的土层中点的有效应力 $\sigma_0'(H)$ 超过使用荷载 P_f，即

$$\sigma_0'(H) = u_{e0} - u_e(H) \geqslant P_f \tag{5-30}$$

对大面积堆载来说，$u_{e0} = P_f + P_s$，则式（5-30）变成 $u_e(H) \leqslant P_s$，就可得到超载卸除时该土层应达到的固结度为

$$U_{f+s}(H) \geqslant \frac{P_f}{P_f + P_s} \tag{5-31}$$

孔隙水压力的观测结果，取决于：①孔压测头相对于排水井的位置；②孔压测头将因沉降往下位移；③测试结果可能因周围孔隙水反压力而受影响；④气体析出造成结果误差等。因孔压测头随距周围排水井距离而变化以及最终孔压分布偏离起始分布，所以很难得到完整而真实的平均超孔隙水压力消散图和相应的固结度。Hansbo（1997 年）建议应用沉降资料作为反映固结过程的手段，认为沉降观测比孔隙水压力观测更可靠。

应用沉降和孔隙水压力的观测资料时应注意两者之间的差别，孔压量测结果反映的是该测点附近土的固结度，而沉降反映的是土层的平均固结度。另外，由应力定义的固结度和由变形定义的固结度在数值上不同，后者也称为压缩度。

2. 超载预压消除工后的次固结沉降

（1）超固结对次固结的影响。室内试验和现场试验的结果表明，使土体超固结，将会显著地减小其次固结速率。

E. E. Alonso 等（2000 年）报道某预压工程，预压荷载 80kPa 持续两年，后卸载至 50kPa，从变形与时间观测资料所得到的次固结系数 C_a 反映，卸载后，所有在卸载前比较大的次固结系数值都消失了，各土层的次固结系数变得比较均匀。

室内固结试验结果表明（朱向荣，1991 年），超载卸除后土的次固结系数将减小，超载作用时间相同，卸载量越大，C_a 减小越大，发生次固结的时间越推迟。如超载大小相同，卸载时间不同，则超载作用时间越长，卸载后，C_a 减小越大，发生次固结时间越推迟。以上试验结果反映了卸载前土样中有效应力大小对卸载后土样次固结变形的影响，卸载后，如果土样的超固结比越大，则 C_a 越小。

（2）超载预压消除建筑物使用期限内的次固结沉降。为了消除建筑物使用年限内的次固结沉降，超载预压的设计常采用 Johnson（1970 年）提出的方法，即计算出建筑物使用荷载

P_f 下的主固结沉降 S_f 和使用年限内的次固结沉降 S_s，使预压荷载 P_f+P_s 保持到时间 t_{SR}，使该时间所完成的固结沉降量 S_{SR} 满足式（5-32）。

$$S_{SR}=S_f+S_s \tag{5-32}$$

式中 S_{SR}——P_f+P_s 荷载作用下的最终主固结沉降 S_{f+s} 与 t_{SR} 时土层平均固结度 $\overline{U}_{f+s}$ 的乘积，即

$$S_{SR}=\overline{U}_{f+s} \cdot S_{f+s} \tag{5-33}$$

由式（5-33）计算出平均固结度 $\overline{U}_{f+s}$，从而计算出超载预压时间 t_{SR}。按建筑物的使用寿命或按给出一个预定的次固结的补偿量所需要的时间来选择计算次固结沉降时间。

按照上述设计方法，并不能保证建筑物使用期限内不会再发生次固结沉降，因为超载预压所计划消除的次固结沉降量实际上是超载预压期间所完成的一部分主固结沉降量，超载卸除后虽然使土的次固结系数减小，但是否还会产生次固结沉降难以确定，原因是超载卸除后土层的次固结系数与超固结比有关。

5.3 堆载预压法施工

为了保证排水固结法的加固效果，施工期应注意三个主要环节：铺设水平排水垫层、设置竖向排水体和施加预压荷载。

5.3.1 施工工艺

堆载预压法（含竖向排水体）的施工工艺流程：清理整平场地→场地排水沟施工和排水垫层施工→插设竖向排水体→加载预压→卸载。

普通砂井、袋装砂井和塑料排水板三种竖向排水体中，普通砂井用得不多，袋装砂井也有被塑料排水板代替的趋势。本节重点介绍塑料排水板堆载预压法施工工艺，袋装砂井等排水堆载预压法的施工工艺与其类似。

5.3.2 水平排水体施工

为保证地基排出的水顺利排出场外，需在铺排水垫层之前，开挖路堤两旁的排水沟。在地基上设盲沟，盲沟与垫层相接。

堆载预压方法中的垫层起水平排水作用，其质量直接关系到加固效果和预压时间。在高速公路软基处理中一般采用砂垫层，也可采用连通的砂沟来代替整片砂垫层。

1. 施工方法

排水砂垫层的施工方法如下：

（1）当地基表面具有一定厚度的硬壳层，承载力较好，能满足一般运输机械作业时，采用机械分堆摊铺法，即先堆成若干砂堆，然后用机械或人工摊铺。

（2）当硬壳层的承载力不足时，一般采用顺序推进摊铺法。

（3）当软土地基表面很软时，如新沉积或新吹填不久的超软地基，先要改善地基的持力条件，使施工人员和轻型运输工具能在其上作业。处理措施一般有：

① 表层铺设塑料编织网或尼龙编织网，编织网上再铺砂垫层；

② 表层铺设土工聚合物，土工聚合物上再铺排水垫层；

③ 采用人工或轻便机械顺序推进铺设。

不论采用何种施工方法，都应避免对软土表层过大扰动，以免造成砂和淤泥混合，影响垫层的排水效果。在铺设砂垫层前，应清除干净竖向排水体顶面的淤泥和其他杂物，以利于竖向排水体排水。

2. 施工注意事项

(1) 所用材料宜采用中粗砂、砂砾、碎（卵）石等粒料，控制好含泥量及粒料最大粒径。

(2) 地下水位高于地基表面时，施工前采用排水或降水措施，使地基表面保持无水状态。

(3) 铺设垫层时，必须避免扰动外围软弱土层的表面。

(4) 垫层底面应铺设在同一标高上。分段施工时，接头处应做成斜坡，每层错开0.5~1m。搭接处应注意捣实，施工应按先深后浅的顺序进行。

(5) 严格控制虚铺厚度、最优含水量和要求达到的设计密实度。

5.3.3 竖向排水体施工

竖向排水体有30~50cm直径的普通砂井、7~12cm直径的袋装砂井和塑料排水板。现以塑料排水板施工为例。

1. 塑料排水板材料

塑料排水板作为竖向排水通道的排水材料，质量非常重要。应制定严格的塑料排水板验收制度和检验方法，并按批量在施工现场随机抽样进行排水板的外观检查和由有资质的检验单位进行性能检验。

2. 塑料排水板施工

用插板机将塑料排水板打入土中，形成垂直排水通道，可代替常用的排水砂井。采用塑料排水板排水滤水性好，适应地基变形的能力强，确保排水效果，且插放时地基扰动小，施工方便。塑料排水板施工顺序包括：定位；将塑料排水板通过导管从管靴穿出；将塑料排水板与桩尖连接并贴紧管靴；对准桩位；插入塑料排水板；拔管；剪断塑料排水板等。

3. 施工注意事项

(1) 塑料排水板插入过程中要防止淤泥进入板芯堵塞输出通道，影响排水效果。

(2) 塑料排水板与桩尖连接要牢固，避免提管时脱开将塑料排水板带出。

(3) 桩尖与导管配合要适当，避免错缝，防止淤泥进入，从而减少因塑料排水板与导管壁的摩擦力增大，造成塑料排水板带出。

(4) 严格控制间距与深度，凡塑料排水板带出2m的应作废补打。

(5) 塑料排水板需接长时，应采用滤水膜内平搭接的连接方法，搭接长度应小于20m。

5.3.4 预压加载施工

高速公路软基处理预压荷载施工分两部分，即路堤填筑过程中自重加载和为减少施工后沉降施加的超载（超载预压施工）。

1. 路堤填筑过程中自重加载

路堤地基在路堤自重的作用下，将产生固结沉降。在填筑中要注意加荷速率与地基土强度的适应性，即在每级荷载作用下，待地基土强度提高后，再进行下一级的填筑。高速公路对路堤的压实度有一定的要求，可以根据压实度要求合理安排每级的填筑高度，目前常采用的分级厚度为30cm。每级填筑开始的时间，可依据现场观测数据按地基的稳定性控制标准确定。

2. 超载预压

高速公路超载预压是指路堤填至路床标高后，应填筑相当于路面结构重量的土层厚度（即等载），增加 1.2～1.5m 的土层厚度（含活载等效土重），并在预压期内，继续补充下沉土层厚度，保持超载标高，直至达到卸载标准。为减少卸载后对填土的压实工作量，超载预压前，路床标高以上应预留沉降量（厚度），该范围内的土方应选择达到要求的土，压实并达到 96% 的压实度。超载部分没有压实度要求，只要能满足施工车辆正常行驶，但应严格控制加荷速率，保证在各级荷载作用下地基的稳定性。

3. 填筑期和预压期的稳定性控制

稳定性一般通过沉降、边桩位移及孔隙水压力等观测资料控制，沉降控制每天不超过 10～15mm，边桩位移每天不超过 4～6mm。孔隙水压力可制成 p-μ 曲线，当曲线陡增时，认为该点已发生剪切破坏；或由 μ/p 值控制，要求 $\mu/p \leqslant 0.5$。

4. 超载部分的卸载标准

一般每月地基的沉降量小于 5～6mm 时即可卸载停止预压，具体应根据实际情况（如路填筑高度、超载高度、地基完成的固结沉降等）确定，控制指标是使超载后的残余沉降量小于设计要求的工后沉降量。

5.3.5 质量控制和效果检验

1. 质量控制

（1）底层施工要求严格按照设计图纸，若采用砂垫层，所用砂应选用中粗砂，模度系数不小于 0.8，渗透系数不小于 5×10^{-3} m/s，含泥量<5%。按设计要求填筑厚度和路基外延长度，以保证横向排水畅通。

（2）竖向排水体施工要求参照设计图纸，若采用袋装砂井，应先进行试桩，以确定袋装砂井的长度。一般要求打穿淤泥层，对于特别深厚软基，袋装砂井长度不得小于 20m。袋装砂井填砂密实度不得小于 95%，外露 0.3m，以保证竖向排水畅通。

（3）应选用抗拉强度高、延伸率低的土工织物，施工时应摊平，注意搭接宽度，保证锚固效果。

（4）路堤填筑要严格执行稳定性控制标准，按设计图纸要求的填筑厚度和间隔时间（有现场观测的路段应按沉降速率控制）进行每一层填土施工，保证足够的预压时间，超载部分填土按卸载标准卸载。

2. 效果检验及加荷速率控制

效果检验是通过现场观测孔隙水压力、沉降、侧向位移等。

（1）孔隙水压力观测。根据测点孔隙水压力-时间变化曲线，反算土的固结系数，推算该点不同时间的固结度，从而推算强度增长，确定下一级施加荷载的大小。根据孔隙水压力和荷载的关系曲线判断该点是否达到屈服状态，因而可用来控制加荷速率。

（2）沉降观测。沉降观测内容包括荷载作用范围内地基的总沉降量、荷载作用范围外地面沉降或隆起量、分层沉降以及沉降速率等。

利用实测沉降资料可推算出最终沉降量 S_∞ 和由于侧向变形（剪切变形）而引起的瞬时沉降 S_d，从而可求得主固结沉降 S_c 以及沉降计算经验系数 Ψ_s，为更精确地计算沉降积累经验。另外，根据沉降资料可计算地基的平均固结度，然后求出地基的平均固结系数 C_h。通过分层沉降的观测资料可分析和研究各土层的压缩性，确定沉降计算中土层的压缩层深度。

荷载外地面的沉降资料可用以分析沉降的影响范围,以确定对邻近建筑物的影响。通过以上分析可看出,沉降观测资料是验证理论和发展理论的重要依据。

(3) 侧向位移观测。侧向位移观测包括边桩位移和沿深度的侧向位移两部分,可用以判断地基的稳定性,决定安全的加荷速率。水平位移随时间的变化如图 5-7 所示。

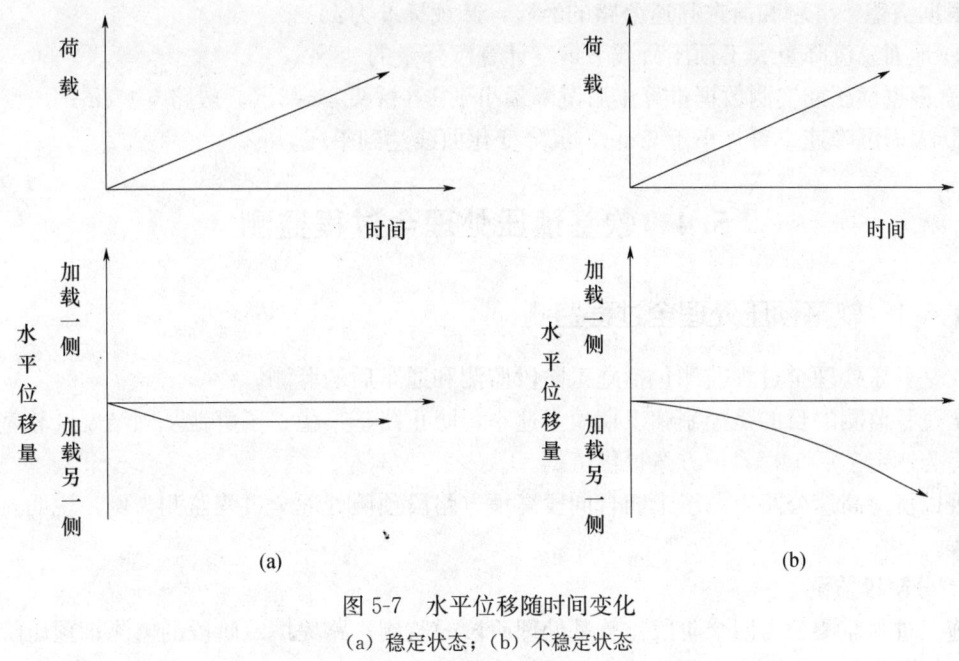

图 5-7 水平位移随时间变化
(a) 稳定状态;(b) 不稳定状态

根据地基变形控制加荷速率,地基变形是判别地基破坏的重要指标。软土地基一旦接近破坏,其变形量急剧增加。在堆载情况下,地基破坏前有以下特征:

① 堆载顶部和斜面出现微小裂缝;
② 堆载中部附近的沉降量 S 急剧增加;
③ 堆载坡脚附近的侧向位移 δ_H 向堆载外侧急剧增加;
④ 堆载坡脚附近地面隆起;
⑤ 停止堆载后,堆载坡脚的水平位移和坡脚附近地面的隆起继续增大,地基内孔隙水压力也继续上升。

加荷速率可通过理论计算。在一般情况下,加荷速率可以在土中埋设仪器,通过现场测试控制。如果埋设仪器有困难,也可根据某些经验值加以判别。

现场测试判别方法:

① 根据沉降 S 和侧向位移 δ_H 判别。利用 S 和 δ_H 的关系,即同时测试堆载路中的沉降量 S 和堆载坡脚侧向位移 δ_H,当 δ_H/S 值急剧增加时,意味着地基接近破坏。
② 根据侧向位移速率判别。以堆载坡脚侧向位移速率 $\Delta\delta_H/\Delta t$ 不超过某极限值作为判别标准。$\Delta\delta_H/\Delta t$ 的极限值随荷载大小、形状、土质等不同而变化。日本在泥炭土上测试,当 $\Delta\delta_H/\Delta t$ 为 20mm/d 时,在堆载顶面发生裂缝,所以将该值作为控制加荷速率的标准。

经验值判别方法:

根据济德、济聊和菏东高速公路工程经验,加荷期间如超过下述三项指标,地基可能破坏。

① 堆载路中点处,埋设地面沉降观测点的地面沉降量每天超过 5mm;

② 堆载坡脚侧向位移（在坡脚埋设测斜管或打边桩）每天超过 3mm；
③ 孔隙水压力超过预压荷载所产生应力的 50%～60%。高速公路软土地基段施工过程中，对于重点观测断面，一般在地基不同深度处都埋设孔隙水压力计。

（3）卸载标准

根据济德、济聊和菏东高速公路的经验，卸载标准为：
① 地面总沉降量大于预压荷载下最终计算沉降量的 98%；
② 根据预压期实测数据推算工后沉降量小于 1（桥头）～3（一般路基）cm；
③ 表面沉降速率每月小于 3mm，沉降变化曲线达到平缓。

5.4 软基预压处理全过程监测

5.4.1 软基预压处理全过程监测

软基预压处理全过程监测包括施工阶段监测和通车后的监测。

全过程监测的目的是控制施工期填土速率，防止路基失稳；了解地基固结度及软基处理效果；为制定工后工程养护方案提供依据。

现以济菏高速公路十一至十四合同段高填方路段预压处理全过程监测为例，说明具体监测过程。

1. 分阶段监测

施工过程监测分为四个阶段：软基处理阶段的监测；路堤填筑阶段的监测；预压阶段的监测；卸载阶段的监测。各阶段的监测目的及监测项目见表 5-1。

表 5-1 各监测阶段的监测目的及监测项目

监测阶段	监测目的	主要监测项目
软基处理阶段	监测工作垫层、软基处理产生的沉降等	表面沉降
路堤填筑阶段	控制填筑速率，保证路堤稳定	表面沉降、孔压、侧向位移
预压阶段	确定卸载时机，推算最终沉降、工后沉降	表面沉降
卸载阶段	监测卸载回弹通车前的沉降	表面沉降

2. 监测断面类型

全线软基的监测断面分为普通监测断面和重点监测断面，两者的关系见表 5-2。

表 5-2 两种监测断面的关系

断面类型	普通监测断面	重点监测断面
监测项目	表面沉降	表面沉降、侧向位移、孔压等
位置	软基路段每 100m 左右设置一个断面	填土高度大、软土厚、软土性质差、稳定性差的路段
作用	监测全线软基稳定性	监测代表性、危险的路段，指导普通断面

3. 监测断面位置确定的原则

监测断面一般设置在具备以下一种或几种条件的路段：
① 路堤附近有较深水塘的路段，占用半幅水塘的路段；
② 软土层厚度大、性质差的路段；

③ 填土高度大的路段；
④ 桥头附近；
⑤ 涵洞、机井通道附近；
⑥ 沿路堤横向软土厚度变化较大的路段（如丘陵边缘地带）；
⑦ 采用特殊处理方法的路段（如搅拌桩复合地基等）。

4. 监控程序

图 5-8 为施工单位监控程序。

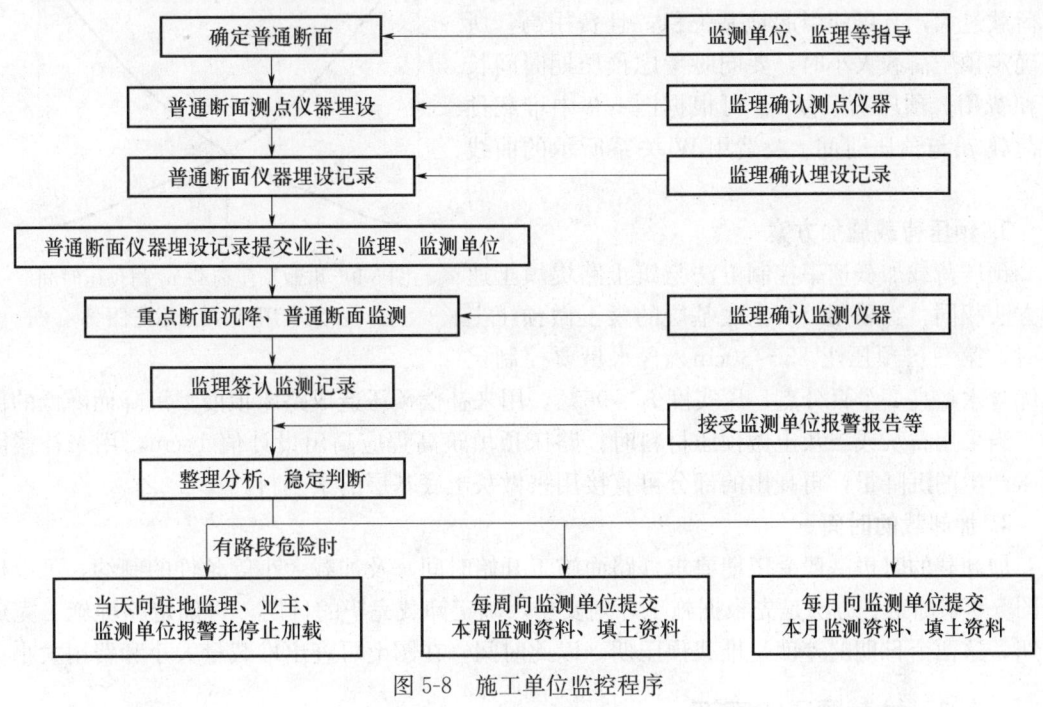

图 5-8　施工单位监控程序

5.5　工程实例

5.5.1　堆载预压路段

济菏高速公路十二合同段和十三合同段为了减少路基工后沉降，对路堤填土高度大于 5m 的几个路段采取等载预压自然排水法加固地基。路堤填筑高度为路面设计标高加 7.5cm，预压土厚度为 78cm，分层填筑并碾压，底层 20cm 厚度压实度 $K>95\%$，上层 58cm 压实度 $K>85\%$。在路基填筑施工和预压施工期间直至路面底基层施工时均进行地基沉降观测，以控制施工填土速率，确定预压土卸载时间。

等载预压路段桩号如下：

十二合同段：K124+050～K125+898，K130+211～K130+996。

十三合同段：K133+000～K133+922，K135+486～K136+000。

5.5.2　堆载预压方案设计

软基堆载预压方案设计主要包括选择堆载材料，确定预压荷载大小，制定预压荷载施加方案，确定预压荷载加卸的时间。

1. 堆载材料

堆载材料选择的原则是材料加卸载费用最低。根据该工程原材料供应情况，在路基填筑土场中选择可用于做二灰底基层素土的土料做预压材料，预压结束时卸除的土料可以直接用来做二灰底基层素土，个别路段采用堆放将来用于做二灰土的石灰或粉煤灰做预压材料。

2. 预压荷载

预压荷载越大，预压期越短，反之亦然。但预压荷载过大，有可能引起地基失稳，且费用高，所以确定预压荷载大小时，要同时考虑预压期时间长短和费用。预压荷载量 P_s 可根据图 5-9 中堆载预压荷载 p_s 与预压时间 t 及费用 W 关系所示的曲线确定。

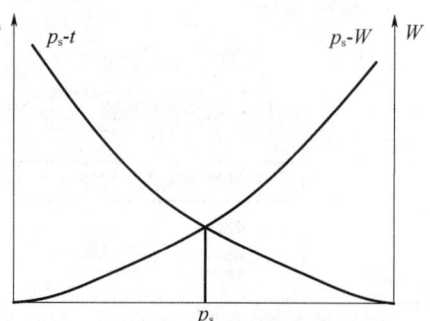

图 5-9　堆载预压荷载 p_s 与预压时间 t 及费用 W 关系示意图

3. 预压荷载施加方案

预压荷载加载速率控制方法与筑土路堤填土速率方法相同。当采用二灰土底基层的素土做预压土料时，第一层预压土 25~30cm，含水量要控制比最优含水量高 2 个百分点，压实度 $K>95\%$，用来补偿预压造成路床顶面因沉降而降低的部分。当采用石灰或二灰土做预压材料时，路床顶填筑高程应高出设计值 18cm，用来补偿因预压产生的沉降量，再高出的部分可直接用来做灰土底基层的素土。

4. 加卸载的时间

加卸载的时机一般受工期要求（路面施工开始时间）及加载大小等条件的制约，可以根据图 5-9 来确定。方法是先根据施工计划安排，确定卸载完毕的日期，再确定路堤施工完成日期，这两个日期的差就是堆载预压期。以此时间，在图上可查出堆载量大小和费用大小。

5.5.3　堆载预压的实施

在施工过程中，因多种因素的制约，路堤荷载和超载施加的方法可分为两种情况。

① 线性加载条件：即加载过程没有较长时间的中间停顿，填土、碾压、质检、再填土基本上是连续无间隔时间地进行，直至超载土层标高。

② 逐级加载条件：即加载过程在某个高程或几个高程上有较长时间的中间停顿，在填土、碾压、质检、再填土的循环过程中，在某个环节上存在较长时间（15 天、一个月甚至几个月）的中间停顿。在鲁西南高速公路施工过程中逐级加载的情况占到总路段的 80% 以上。

下面分别探讨在不同加载条件下，加载量和卸载沉降标准和时间。

(1) 线性加载条件下预压土卸载沉降标准。根据实测沉降数据预测沉降的发展在高等级公路的建设中具有重要的意义，沉降预测结果将决定预压期的长短和修筑路面的时间，并最终影响通车后沉降的大小。在济菏高速等载预压沉降观测数据的预测中，采用了考虑参数时变的时变灰色 GM (1, 1) 沉降预测模型，为提出高精度及适合中长期预测的沉降预测模型奠定了基础。

1) 时变灰色 GM (1, 1) 预测原理。设有 $N+1$ 个等时间间隔的沉降观测数据（s_0, s_1, …, s_N），相应的沉降增量序列为（Δs_0, Δs_1, …, Δs_N），根据灰色建模理论，可建立沉降灰色 GM (1, 1) 模型的一阶微分方程如下：

$$\frac{\mathrm{d}s}{\mathrm{d}t}+as=b \tag{5-34}$$

式中，a、b为常系数。

方程系数按下式确定：

$$\begin{Bmatrix} a \\ b \end{Bmatrix} = [B^T B]^{-1} \cdot B^T \cdot y_N \tag{5-35}$$

式中 $B=\begin{bmatrix} -S_1 & 1 \\ \cdots & \cdots \\ -S_N & 1 \end{bmatrix}$，$y_N=[\Delta s_1,\Delta s_2,\cdots,\Delta s_N]^T$

灰色GM（1，1）模型式的通解为：

$$s(t)=s_\infty-(s_\infty-s_0)e^{-at} \tag{5-36}$$

式中 s_0——$t=0$时刻的沉降；

s_∞——最终沉降，$s_\infty=b/a$。

当观测数据为非等时间间隔时，B矩阵应修正为

$$B=\begin{bmatrix} \Delta t_1 & 0 \\ \cdots & \cdots \\ 0 & \Delta t_N \end{bmatrix} \begin{bmatrix} -S_1 & 1 \\ \cdots & \cdots \\ -S_N & 1 \end{bmatrix},\Delta t_j=t_j-t_{j-1},$$
$j=1,\cdots N$

2）预压土卸载沉降标准。以K133+740断面中心实测沉降为例，说明预测模型的算法和精度。图5-10为从加载开始至预压期结束的预测曲线与实测曲线的比较，时变参数灰色模型中2个参数均采用时间的线性函数。从图中可以看出，时变参数灰色模型的预测精度要高于灰色模型的预测精度。

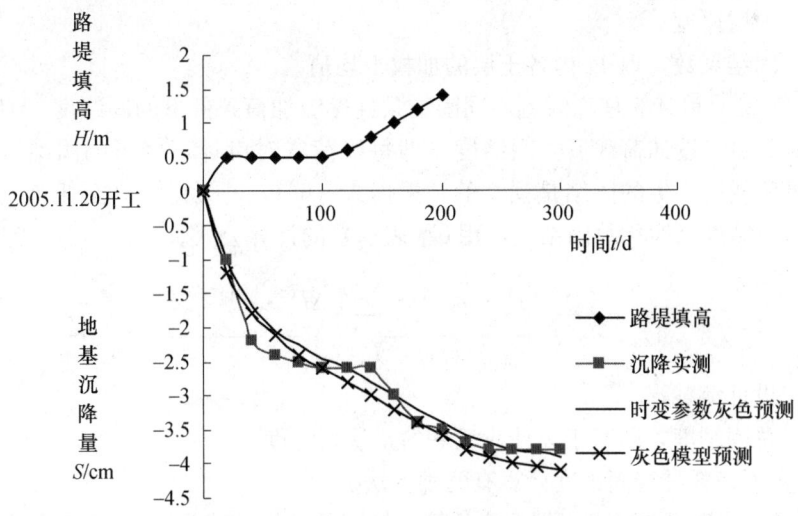

图5-10 K113+740左路肩预测曲线与实测曲线比较

通过沉降的预测，济菏高速公路十一至十四合同段不同超载路堤卸载修筑路面时卸载的沉降标准为：①等载预压或超载量（路面结构层以上）小于0.5m填土荷载时，沉降控制标准为小于3mm/月，且连续2个月；②当超载量相当于0.5~1.0m填土厚度时，沉降控制标准为小于5mm/月，且连续2个月；③当超载量相当于1.0~1.5m填土厚度时，沉降控制标

准为小于 8mm/月，且连续 2 个月。该标准的应用，可使十一至十四合同预压段路基沉降被控制在预期范围之内。

(2) 逐级加荷条件下沉降过程预测、等载预压值及卸载时间

1) 路基固结度分析。不同固结条件下瞬时加荷时任意时刻固结度用式（5-37）表达：

$$U_t = 1 - \alpha \cdot e^{-\beta t} \tag{5-37}$$

逐级加荷条件下地基平均固结度的计算公式为

$$\overline{U}_a = \sum_{i=1}^{n} U_{t-\frac{t_i+t_i'}{2}} \cdot \frac{\Delta P_i}{\sum_{i=1}^{n} \Delta P_i} \tag{5-38}$$

将式（5-37）代入式（5-38）得

$$\overline{U}_a = \frac{\sum_{i=1}^{n} \Delta P_i - \alpha e^{-\beta t} \cdot \sum_{i=1}^{n} \left[\Delta P_i \cdot e^{\beta\left(\frac{t_i+t_i'}{2}\right)}\right]}{\sum_{i=1}^{n} \Delta P_i} \tag{5-39}$$

$$\alpha = \frac{8}{\pi^2}$$

$$\beta = \frac{\pi^2}{4} \cdot \frac{C_v}{H^2}$$

式中 U_a——逐级加荷条件下地基平均固结度；

ΔP_i——第 i 级等速加荷的荷载增量；

t——计算时刻；

t_i'，t_i——第 i 级荷载增量加载开始时刻和终点时刻，当 t 在某一级荷载增量加荷过程中时，$t_i = t$；

H——土层厚度；

C_v——固结系数，取 H 内各土层的加权平均值。

根据式（5-39）可计算任意时刻不同固结条件逐级加荷条件下的固结度，但它不能反映至任意一级荷载时对设计荷载下的固结度（即每级荷载对设计荷载下的固结贡献）。为此，假定任意一级荷载所产生的固结是独立的。根据式（5-39），可得计算至任意一级荷载时对设计荷载下的固结度（简称总固结度，用 U_T 表示）的计算公式。

$$U_T = \frac{\sum_{i=1}^{n} \Delta P_i - \alpha e^{-\beta t} \cdot \sum_{i=1}^{n} \left[\Delta P_i \cdot e^{\beta\left(\frac{t_i+t_i'}{2}\right)}\right]}{P_d} \tag{5-40}$$

式中 P_d——设计荷载；

U_T——总固结度，即基于设计荷载下的路基固结度。

2) 根据实测资料进行固结度计算有两种方法。

① 根据沉降计算固结度。根据沉降计算固结度的计算公式为

$$U_T' = \frac{S_t}{S_\infty} \tag{5-41}$$

式中 U_T'——根据沉降计算的实测固结度；

S_t——计算时刻实测累计沉降；

S_∞——最终沉降，可利用实测沉降监测资料，采用双曲线法、三点法等推算，建议

采用双曲线法，但参数求得宜选用荷载预压阶段数据。

式（5-41）可计算至任意一级荷载时对设计荷载的总固结度。

② 根据孔隙压力计算固结度。对饱和软黏土，根据孔隙压力计算至计算时刻累计荷载下的平均固结度的公式为

$$\overline{U}'_a = \frac{\sum_{i=1}^{n} \Delta P_i - \overline{u}_t}{\sum_{i=1}^{n} \Delta P_i} \tag{5-42}$$

根据式（5-42）只能计算至计算时刻对累计荷载下的平均固结度，不能计算至计算时刻对设计荷载下的平均固结度。因此参照式（5-40），计算至计算时刻对设计荷载下的总固结度公式为

$$U'_T = \frac{\sum_{i=1}^{n} \Delta P_i - \overline{u}_t}{P_d} \tag{5-43}$$

式中 $\overline{U}'_a$, U'_T——至计算时刻对累计荷载下的平均固结度、对设计荷载下的总固结度；

$\overline{u}_t$——计算时刻断面不同深度实测超静孔隙水压力的平均值，数值上等于计算时刻断面不同深度孔压计实测孔压平均值与断面不同深度初始孔压平均值（即不同深度静水压力的平均值）的差值。

3）超载设计与卸载时机判断。为了缩短工期，减小路堤的工后沉降，应尽可能在施工期和预压期内完成路基固结沉降，因此对桥头路堤和其他重要路段采用在原设计荷载 P_d 的基础上加上一过量荷载 P_s 即超载，经超载预压一段时间后，再移去过量荷载 P_s，以加快固结沉降的完成。

实际工程中超载预压需要解决两个问题：一是确定所需超载压力值 P_s，以保证设计荷载 P_d 作用下预期的总沉降量在给定的时间内完成；二是确定在给定超载下达到预定沉降量所需时间即确定卸载时机。为简化分析，假定所需超载压力值 P_s 是一次施加的（分次施加是同样求解的），同时只考虑主固结沉降的情况，不考虑次固结沉降。

① 已知超载后时刻 t 的固结度，求解所需超载值 P_s。假定目前的固结度为 U_{T1}，要求超载后固结度达到 U_{T2}，P_s 开始加载时刻为 t'_{n+1}，终点时刻为 t_{n+1}，根据式（5-40），有式（5-44）：

$$U_{T2} = \frac{\left(\sum_{i=1}^{n} \Delta P_i + P_s\right) - \alpha e^{-\beta t} \cdot \left\{ \sum_{i=1}^{n} \left[\Delta P_i \cdot e^{\beta\left(\frac{t_i}{2}+\frac{t'_i}{2}\right)} \right] + P_s \cdot e^{\beta\left(\frac{t_{n+1}}{2}+\frac{t'_{n+1}}{2}\right)} \right\}}{P_d} \tag{5-44}$$

整理后可得式（5-45）：

$$P_s = \frac{\alpha e^{-\beta t} \cdot \sum_{i=1}^{n} \left[\Delta P_i \cdot e^{\beta\left(\frac{t_i}{2}+\frac{t'_i}{2}\right)} \right] - (1 - U_{T2}) P_d}{1 - \alpha e^{-\beta\left(t - \frac{t_{n+1}}{2} - \frac{t'_{n+1}}{2}\right)}} \tag{5-45}$$

利用式（5-45），即可求解所需超载压力值 P_s。

② 已知超载值 P_s，求卸载时机 t。假定条件同情况①，令 $\Delta P_{i+1} = P_s$，则根据式（5-40）有

$$U_{T2} = \frac{\sum_{i=1}^{n+1} \Delta P_i - \alpha e^{-\beta t} \cdot \sum_{i=1}^{n+1} \left[\Delta P_i \cdot e^{\beta\left(\frac{t_i}{2}+\frac{t'_i}{2}\right)} \right]}{P_d} \tag{5-46}$$

整理后得

$$t = -\frac{1}{\beta} \cdot \ln\left\{\frac{P_s + P_d(1-U_{T2})}{\alpha\sum_{i=1}^{n+1}\left[\Delta P_i \cdot e^{\beta\left(\frac{t_i}{2}+\frac{t'_i}{2}\right)}\right]}\right\} \qquad (5\text{-}47)$$

利用式（5-47）即可求出卸载时机 t。

③ 欠载卸载时机判断。软基处理设计时所预估的沉降经常由于地质条件不同而与实际情况有较大差异，导致软基欠载，在欠载情况下是否能满足设计荷载下的工后沉降要求，可以根据式（5-40）进行判断。首先根据式（5-40）计算出现有荷载在基于设计荷载下的固结度，其次根据设计荷载下的固结度计算设计荷载下的最终沉降，即可计算出设计荷载下的工后沉降，从而判断是否需继续加载预压。

基于路堤设计荷载下的软土地基固结度计算方法是根据济菏高速公路（路堤最大荷载约150kPa）软基监测资料得来的，是否适用更高的垂直附加应力场还需进一步研究。

5.5.4 预压路段的沉降与稳定观测

（1）严格控制填土速度，每填一层需进行沉降观测。

（2）软土地基施工，注意路堤和桥涵通道等构造物衔接部位的施工，以尽量减少因不均匀沉降而出现的跳车现象。

（3）安装沉降板时，沉降板上的测杆需配备具有一定强度的塑料保护套管，测杆顶应略高于套管上口以便观测，水准尺要直接置于测杆顶，测杆顶距碾压面高度不大于50cm。沉降板如图 5-11 所示。

（4）监测沉降板应安装在路中心线，纵向间距为 200m。对于桥头引道路堤，应安装在路中心线和两侧路肩边缘线上，第一块沉降板距桥台背 10m 处开始，其余以 50m 间隔设置。

（5）路堤填筑过程中，每填一层应进行一次监测，路基加载速度应控制水平位移量每昼夜不宜超过 0.5cm，沉降量不大于 1.5cm，超过时即应暂停填筑，待沉降及位移量小于规定值后再继续施工。

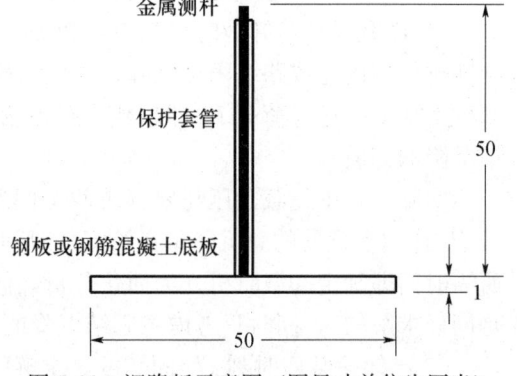

图 5-11 沉降板示意图（图尺寸单位为厘米）

（6）沉降测点要严加保护，严禁车辆碾压、施工机械碰撞、人为因素的破坏等。

监测沉降板应埋设在路中心线，左右路肩，纵向间距为 200m。随着填土的增高，测杆和套管亦相应接高，每节长度不宜超过 50cm。接高后的测杆顶面应略高于套管上口，套管上口应加盖封住管口。盖顶高出碾压面高度不宜大于 50cm。沉降板若使用钢筋混凝土底板，板厚则使用 7cm 厚度，内部布一层 8~10cm 间距钢筋网，且将测杆预埋其中心。

6 粉喷桩加固公路软土地基

6.1 概 述

粉喷桩属于深层搅拌桩加固地基的一种形式，也叫加固土桩，属于胶结法类。深层搅拌法是用于加固饱和软黏土地基的一种新方法，它是通过深层搅拌机械在地基深处就地将软土和固化剂强制搅拌，由固化剂与软土间产生的一系列物理化学反应，使软土固化成具有整体性、水稳定性和一定强度的桩体，其与桩间土组成复合地基。固化剂主要采用水泥、石灰等材料，与砂类土或黏性土搅拌均匀，在土中形成竖向加固体。它对提高软土地基承载能力、减小地基的沉降量有明显效果。深层搅拌法具有施工工期短、无公害、施工过程无噪声、不排污、对相邻建筑物影响小等优点。

当采用的固化剂形态为浆液固化剂时，常称为水泥浆搅拌桩法，当采用粉状固化剂时，常称粉体喷射搅拌（桩）法。这两者的加固原理、设计计算方法和质量检验方法基本一致，但施工工艺有所不同。

粉体喷射搅拌法是通过专用的施工机械，将搅拌钻头下沉到预计孔底后，用压缩空气将固化剂（生石灰或水泥粉体材料）以雾状喷入加固部位的地基土，凭借钻头和叶片旋转使粉体加固料与软土原位搅拌混合，自下而上，边搅拌边喷粉，直到设计停灰标高。为保证质量，可再次将搅拌头下沉至孔底，重复搅拌。

粉体喷射搅拌法的优点是以粉体作为主要加固料，不需向地基注入水分，因此加固后地基土初期强度高，可以根据不同土的特性、含水量、设计要求合理选择加固材料及配合比，对于含水量较大的软土，加固效果更为显著；施工时不需高压设备，安全可靠，如严格遵守操作规程，可避免对周围环境产生污染、振动等不良影响。但是由于目前施工工艺的限制，加固深度不能过深，一般为8~15m。

1. 加固机理

粉体喷射搅拌法的加固机理因加固材料的不同而稍有不同，当采用石灰粉体喷搅加固软黏土时，其原理与公路常用的石灰加固土基本相同。石灰与软土主要发生如下作用：石灰的吸水、发热、膨胀作用，离子交换作用，碳酸化作用（化学胶结反应），火山灰作用（化学凝胶作用）以及结晶作用。这些作用使土体中水分降低，土颗粒凝聚而形成较大团粒，同时土体化学反应生成复合的水化物 $4CaO \cdot Al_2O_3 \cdot 13H_2O$ 和 $2CaO \cdot Al_2O_3 \cdot SiO_2 \cdot 6H_2O$ 等在水中逐渐硬化，而与土颗粒黏结一起从而提高了地基土的物理力学性质。当采用水泥作为固化剂材料时，其加固软黏土的原理是在加固过程中发生水泥的水解和水化反应（水泥水化成氢氧化钙、含水硅酸钙、含水铝酸钙及含水铁铝酸钙等化合物，在水中和空气中逐渐硬化）、黏土颗粒与水泥水化物的相互作用（水泥水化生成钙离子与土粒的钠、钾离子交换使土粒形成较大团粒的硬凝反应）和碳酸化作用（水泥水化物中游离的氢氧化钙吸收二氧化碳生成不溶于水的碳酸钙）三个过程。这些反应使土颗粒形成凝胶体和较大颗粒，颗粒间形成蜂窝状结构，生成稳定的不溶于水的结晶化合物，从而提高软土强度。

2. 适用范围

《建筑地基处理技术规范》(JGJ 79—2012) 规定，搅拌法适用于处理正常固结的淤泥、淤泥质土、素填土、黏性土（软塑、可塑）、粉土（稍密、中密）、粉细砂（松散、中密）、中粗砂（松散、稍密）、饱和黄土等地基；不适用于含大孤石或障碍物较多且不易清除的杂填土、欠固结的淤泥和淤泥质土、硬塑及坚硬的黏性土、密实的砂类土，以及地下水渗流影响成桩质量的土层。当地基土的天然含水量小于30%（黄土天然含水量小于25%）时不宜采用粉体搅拌法。冬季施工时，应考虑负温对处理地基效果的影响。

当地基土塑性指数 $I_p > 25$ 时，应注意搅拌机法加固的可行性。因为塑性指数大于25，土的黏性很强，极易在水泥土搅拌机的搅拌头上形成一个大泥团，严重影响水泥和土粒的均匀搅拌。

当地下水或土样的 pH 值小于4时，土样呈酸性，严重影响水泥水化反应，水泥水化的不完善将阻隔水泥与土颗粒发生一系列的物理化学反应，此时可在固化剂中掺加水泥用量5%的石灰，可使水泥周围的环境变成碱性，利于水泥水化反应。

根据室内实验及工程经验，用水泥固化剂，对含有高岭石、多水高岭石、蒙脱石等黏土矿物的软土加固效果较好；而对含有伊利石、氯化物和水铝石英矿物的黏性土以及有机质含量高、pH 值较低的黏性土加固效果较差。

某些地区的地下水中含有大量硫酸盐（海水渗入地区），因硫酸盐与水泥发生反应时对水泥土具有结晶性侵蚀，会出现开裂、崩解而丧失强度。应选用抗硫酸盐水泥，使水泥土中产生的结晶膨胀物质控制在一定的数量范围内，另外也可掺入活性材料例如粉煤灰，以提高水泥土的抗侵蚀性能。

在我国北纬40°以南的冬季负温条件下，冰冻对水泥土的结构损害甚微。在负温时，由于水泥与黏土矿物的各种反应减弱，水泥土的强度增长缓慢（甚至停止）；但正温后，随着水泥水化等反应的继续深入，水泥土的强度可接近标准强度。

用搅拌法加固水下松散砂土应注意是否存在地下水径流和承压地下水，否则水泥拌入松砂中，水泥颗粒尚未初凝会被流水冲走将会造成严重事故。尤其是近年来在江河堤防工程中经常使用水泥土（砂）薄墙作为截渗技术，由于水流冲走水泥颗粒，将使墙身渗透破坏比降性能大大降低。

根据鲁西南黄河冲积平原的地质特点，特别是济菏高速公路十一至十四合同段冲积软土地基土层结构和工程地质特性以及水质情况，选用粉喷桩加固桥台台后软基，从理论上和实际效果上来说都是比较合理的。但优化设计和保证成桩施工质量问题需要深入地研究。

3. 加固深度

在桩顶荷载作用下，桩身应力向下传，由于桩侧摩阻力的作用，桩身应力逐步降低，在桩身一定深度处，桩身应力为零。从桩顶到该深度处的桩长称为"临界桩长"。一般认为，直径 0.5~0.7m 搅拌桩的临界桩长约为 8~10m，超过该长度部分的桩是"无用"的。在这种观点指导下，对于厚度超过10m的软土，搅拌桩的长度就设计10m，结果形成"悬浮"桩，上部结构建成后造成部分工程因沉降或差异沉降过大而失败。软土地区地基加固，其承载力必须满足上部结构的要求，而变形更应满足上部结构的要求。

搅拌法的加固深度还要受到施工机械功率的限制。日本在海上搅拌加固软土的深度已达到60m；国内目前陆地施工达到27m（金陵石化公司石埠桥原油中转库两个5万立方米的油罐地基加固);而海上的搅拌深度达到22m(烟台港西港池北侧重力式码头水下软基加固)。

《建筑地基处理技术规范》(JGJ 79—2012)规定,水泥搅拌桩的长度应根据上部结构对承载力和变形的要求确定,并应穿透软弱土层到达承载力相对较高的土层;设置的搅拌桩同时为提高抗滑稳定性时,其桩长应超过危险滑弧2.0m以上。干法的加固深度不宜大于15m;湿法的加固深度不宜大于20m。

4. 发展概况

粉喷桩处理法作为深层搅拌法的一种,起源可追溯到第二次世界大战后由美国开发成功的就地搅拌法(MIP)。这种方法是从不断回转的中空轴端部向四周已被搅拌松动的土中喷射水泥浆,经叶片搅拌而形成水泥土桩,桩直径一般为30~40cm,桩长10~12m。1953年日本开始引进这种施工方法,1967年研制出石灰搅拌机械,1974年成功地开发出了水泥搅拌工法,正式命名为CMC法。随后又不断开发出类似的方法,如DCM法、DMIC法、DC-CM法、DLM法、DIM法等。这些方法所用的材料为水泥和石灰。送料都是通过轴管或专门的送料管,胶结材料分浆状或粉状。

我国对粉喷桩处理法的研究和研制较晚,1977年10月开始室内试验研究和机械研制。1978年底试制成我国第一台SIB-1型双头搅拌机,1979年在天津新港试机和试验施桩工艺,1980年初在上海宝山钢铁厂卷管设备的软基加固中应用,1980年11月由原冶金部基建局组织专家进行鉴定,在会上通过了"饱和软黏土深层搅拌加固技术",从而开发出深层搅拌法加固软土技术(湿法)并广泛应用于各类工程。1983年初铁道部第四勘测设计院开始研究粉状喷射搅拌法,1984年7月首次应用于广东省云浮硫铁矿铁路专用线上,1985年4月铁道部组织技术鉴定,并建议粉喷桩(干法)逐步推广使用。1997年在济南绕城高速公路用于加固黄河冲积平原的冲积土软基,取得了良好的工程效果,随后在山东大面积推广使用,应用于济聊、济德、同三高速等高速公路软基处理工程。

6.2 水泥土物理力学性能试验

6.2.1 原状土的物理力学性质试验

水泥土室内试验所用素土取自济菏高速K133+000~K136+000路段2.2m以下,土层主要指标见表6-1所列。从表中可以看出,Ⅰ、Ⅱ、Ⅲ、Ⅳ层含水量、孔隙比较大,承载力不足100kPa,土质较差;当上部荷载较大时,必须进行加固处理。

表6-1 试验区土层主要物理力学指标

层号	土层名称	层厚(m)	含水量(%)	重度(kN/m^3)	孔隙比	塑性指数	压缩系数(kPa^{-1})	内摩擦角(°)	黏聚力(kPa)	地基承载力(kPa)
Ⅰ	黏质粉土	1.5	23.7	19.03	0.718	9.4	0.146	22.9	41.0	98.0
Ⅱ	黏土	3.0	42.6	17.46	1.199	23.6	0.471			85.0
Ⅲ	粉土	1.5	23.6	19.10	0.652	7.6	0.140	2.5	45.0	90.0
Ⅳ	黏土	1.5	26.5	19.11	0.785	18.9	0.609	5.1	42.0	95.0
Ⅴ	粉质黏土	11.0	20.5	20.20	0.586	10.9	0.238	9.9	25.5	150.0
Ⅵ	黏土	12.0	23.8	19.92	0.667	18.5	0.251	7.1	47.0	200.0

6.2.2 水泥土的物理性质试验

1. 重度

由于拌入软土中的水泥浆（粉）的重度与软土的重度相近，所以水泥土的重度与天然软土的重度也相近。表 6-2 为水泥土的重度试验结果。

表 6-2 水泥土的重度试验结果

软土天然重度 γ_0 (kN/m³)	水泥掺入比 a_w (%)	水泥土重度 γ (kN/m³)	$\dfrac{\gamma-\gamma_0}{\gamma}\times 100\%$	软土天然重度 γ_0 (kN/m³)	水泥掺入比 a_w (%)	水泥土重度 γ (kN/m³)	$\dfrac{\gamma-\gamma_0}{\gamma}\times 100\%$
17.1	5	17.3	1.1	17.5	7	17.6	0.6
	15	17.5	2.3		15	17.8	1.7
	25	17.6	2.9		20	17.8	1.7

由表 6-2 可见，尽管水泥掺入比为 25%，水泥土的重度也仅比天然软土增加 3%，但含水量降低了 20%。因此采用搅拌桩加固厚层软土地基时，其加固部分对于下部未加固部分不致产生过大的附加荷重，也不会发生较大的附加沉降。

2. 比重

由于水泥的比重（3.1）比一般软土的比重（2.65~2.75）稍大，所以水泥土的比重也比天然土稍大。当水泥掺入比为 15%~20% 时，水泥土的比重比软土增加约 4.2%。

6.2.3 水泥土的力学性质试验

1. 水泥土的变形特性试验

（1）应力-应变曲线。图 6-1 是由水泥土 28d 龄期无侧限压缩试验得到的应力-应变曲线。

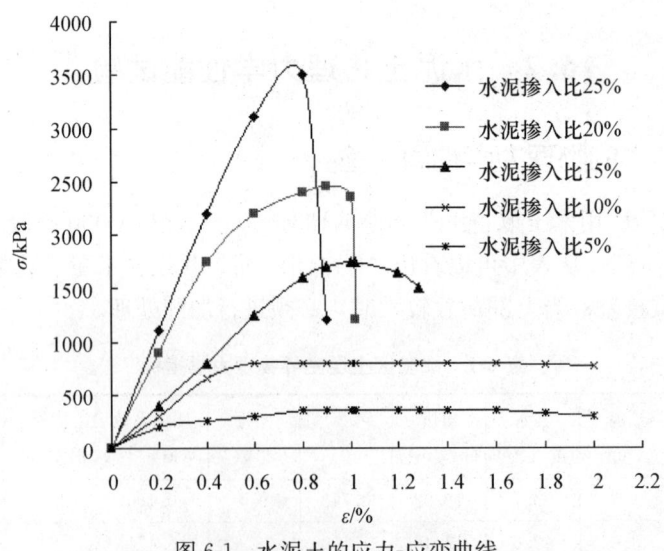

图 6-1 水泥土的应力-应变曲线

由图 6-1 可见，当作用于水泥土试件的应力较低时，其应力-应变曲线表现为塑性材料的性质，随着应力的提高，应力-应变曲线逐渐趋向于脆性材料的性质。

由于水泥土本身的不均匀性，所以它不是纯弹性体，而是一种弹塑性体，其应力-应变之间的关系是非线性的。在加荷开始阶段，应力-应变大致呈直线关系；当应力达到某一数值时，应力-应变曲线开始弯曲，较小的应力增量即会产生较大的应变增量。如果把应力-应变曲线上开始弯曲这一点对应的应力定为水泥土的"比例极限"，则试验结果表明，水泥的比例极限是其极限强度的70%～90%。水泥土受压破坏时，轴向应变很小，一般为0.8%～1.2%。

（2）变形模量试验。表6-3为不同无侧限抗压强度的水泥土进行变形模量试验的结果。当 $f_{cu}=300\sim3500$ kPa 时，变形模量 $E_{50}=40\sim540$ MPa，一般为 f_{cu} 的120～150倍，即 $E_{50}=(120\sim150)f_{cu}$。

表6-3　水泥土的变形模量

试件编号	无侧限抗压强度 f_{cu}（MPa）	破坏应变 ε_f（%）	变形模量 E_{50}（MPa）	E_{50}/f_{cu}
1	0.27	0.80	37.00	135
2	0.49	1.15	63.40	131
3	0.53	0.95	74.80	142
4	1.09	0.90	165.70	151
5	1.55	1.00	191.80	123
6	1.65	0.90	223.50	135
7	2.01	1.15	285.70	142
8	2.39	1.20	291.80	121
9	2.51	1.20	330.60	131
10	3.04	0.90	474.30	156
11	3.45	1.00	520.70	121
12	3.52	0.80	541.20	153

（3）压缩系数和压缩模量试验。水泥土的压缩试验结果表明，其压缩系数 a_{1-2} 随水泥掺量的增加而减小，约变化在 $(2.0\sim3.5)\times10^{-5}$ kPa^{-1} 范围内；其相应的压缩模量 $E_s=60\sim100$ MPa。

2. 抗压强度及其影响因素

水泥土的无侧限抗压强度一般为0.3～4.0MPa，即比天然软土大几十倍至数百倍。影响水泥土抗压强度的因素很多，主要有以下几个方面：

（1）水泥掺入比 a_w。水泥土的抗压强度随着水泥掺入比的增大而增大，如图6-2所示。当 $a_w\leq5\%$ 时，由于水泥与土的反应过弱，水泥土固化程度低，强度离散性也较大，故在搅拌法的实际施工中，水泥掺入比应大于5%。当 $a_w>5\%$ 时，每增加单位水泥掺入比所引起的强度增量在不同龄期是不同的，在0～90d范围内，龄期越长强度增量越高。根据济德、济聊、济菏高速大量室内试验数据的分类数理统计，水泥冲积淤泥土的抗压强度与水泥掺入比呈幂函数关系。其表达式为

$$\frac{f_{cu1}}{f_{cu2}}=\left(\frac{a_{w1}}{a_{w2}}\right)^{1.6} \tag{6-1}$$

式中 f_{cu1}——水泥掺入比为 a_{w1} 的水泥土抗压强度；

f_{cu2}——水泥掺入比为 a_{w2} 的水泥土抗压强度。

式 (6-1) 成立的条件是针对黄河冲积淤泥质土，水泥掺入比 $a_w=5\%\sim20\%$。

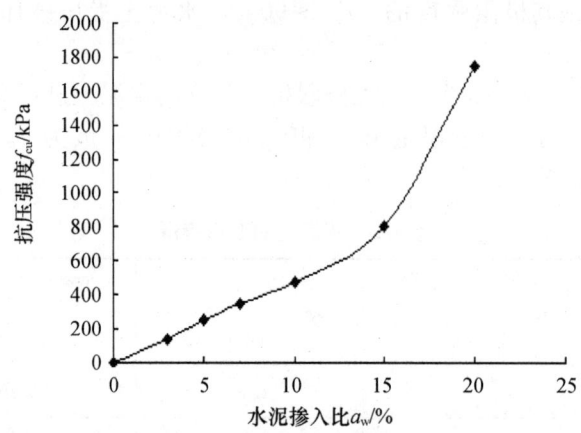

图 6-2 水泥土 28d 抗压强度与掺入比的关系

(2) 龄期 T。水泥土强度随着龄期的增长而增大，一般在龄期超过 28d 后仍有明显的增加，如图 6-3 所示。当水泥掺入比为 7% 时，120d 的强度为 28d 的 2.03 倍；当 $a_w=12\%$ 时，180d 的抗压强度为 28d 强度的 1.83 倍。当龄期超过 3 个月后，水泥土的强度增长才减缓。另外，水泥掺入比越大，水泥土抗压强度提高速率也越大。

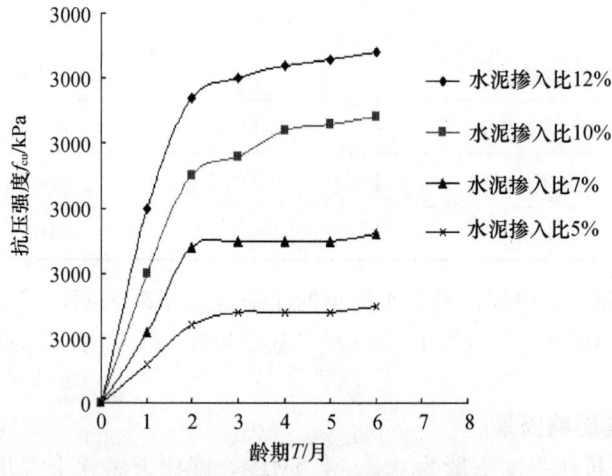

图 6-3 水泥淤泥土抗压强度与龄期的关系

据电子显微镜观察，水泥和土之间的一系列物理－化学反应约需 3 个月才能基本完成，因此选用 3 个月龄期强度 R_{90} 作为水泥土的标准强度较为适宜。对于实际工程，从搅拌桩施工开始，到完成基础工程、上部结构建造到一定高度，需要 3~4 个月，此时在搅拌桩顶作用的实际荷载引起的桩身应力，不会超过当时水泥土强度的一半，所以是安全的，也是经济的。《建筑地基处理技术规范》(JGJ 79—2012) 规定，竖向承载的水泥土强度宜取 90d 龄期试块的立方体抗压强度平均值。但是考虑到承受水平荷载（例如将搅拌桩作为基坑工程的护坡结构）的情况下，一般从搅拌桩施工开始到承受水平荷载的间隔不超过 1 个月，所以对承受水平荷载的水泥土强度取 28d 龄期试块的立方体抗压强度平均值。为了便于各龄期下水泥土强度的相互推算，从抗压强度试验知，其他条件相同时，水泥土抗压强度与龄期之间接近线性关系，其经验关系式如下：

$$f_{cu7}=(0.47\sim0.63)f_{cu28}$$
$$f_{cu14}=(0.62\sim0.80)f_{cu28}$$
$$f_{cu60}=(1.15\sim1.46)f_{cu28}$$
$$f_{cu90}=(1.43\sim1.80)f_{cu28}$$
$$f_{cu90}=(2.37\sim3.73)f_{cu7}$$
$$f_{cu90}=(1.73\sim2.82)f_{cu14}$$

式中，f_{cu7}、f_{cu14}、f_{cu28}、f_{cu90} 分别为 7d、14d、28d、90d 龄期的水泥土抗压强度。

（3）水泥强度等级对水泥土强度的影响。水泥土的抗压强度随水泥强度等级的提高而增加，水泥强度等级每提高 10MPa（例如从 P·O 32.5 提高到 P·O 42.5），水泥土的强度 f_{cu} 约增大 15%～30%。

（4）水泥浆水灰比的影响。试验表明，当水泥掺入比不变而水泥浆的水灰比逐渐增加，例如从 0.5 增加到 0.8，即增加了原土的含水量，在龄期为 90d 时的无侧限抗压强度则逐步降低，即从 2.67MPa 下降至 2.5MPa。

（5）土样含水量对强度的影响。水泥土的抗压强度随着土样含水量的增加而迅速降低，如图 6-4 所示。由图 6-4 可见，土样含水量从 25% 增加到 100%，水泥土的抗压强度从 2.75MPa 降低到 0.75MPa，降低了约 73%。

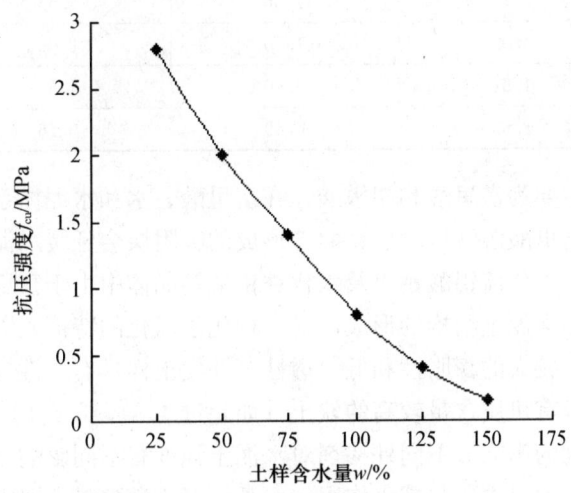

图 6-4 土样含水量与抗压强度的关系（$a_w=10\%$，$T=28d$）

（6）土质的影响。不同的土样掺入等量水泥后，水泥强度可相差近 1 倍，不同土质对水泥的硬化过程有影响，见表 6-4。在水泥土中液相 Ca(OH)$_2$ 是不饱和的，各水泥土试样液相 (OH)$^-$ 和 CaO 的浓度以及 Ca^{2+}、(OH)$^-$ 的数值为试样 1＞试样 2＞试样 3＞试样 4；水泥土中水泥水化产物的数量和水泥土强度呈同样趋势，各土样对 (OH)$^-$ 和 CaO 吸收量则为土样 1＜土样 2＜土样 3＜土样 4。即水泥土液相 CaO 和 (OH)$^-$ 高，则水泥水化产物生成量大，水泥土强度高，反之亦然。

表 6-4 等量水泥掺入不同土质的土样后的抗压强度

土样编号		1	2	3	4
土样名称		淤泥质粉质黏土	淤泥质粉质黏土	淤泥质黏土	淤泥质黏土
状态		流塑-软塑	流塑	流塑	流塑
重度（kN/m³）		1.82	1.81	1.77	1.72
含水量（%）		35.9	33.8	50.2	55.1
孔隙比 e		1.00	1.02	1.42	1.49
土样中掺入10%的水泥后，土样的吸收量（mg/100g）	CaO	265.7	274.1	289.2	322.1
	$(OH)^-$	458.3	471.5	481.8	520.8
水泥土抗压强度（kPa）	15d	1288.3	1256.1	779.4	537.3
	30d	1575.2	1478.0	1039.5	819.0

(7) 土样中有机质含量的影响。土样中有机质含量对水泥土试块无侧限抗压强度影响较大。在不同层位、不同有机质含量的土样中，掺入 P·O32.5 水泥、掺量 $\alpha_w=15\%$、水灰比为 0.5、不掺任何外加剂的水泥土试块各龄期的抗压强度见表 6-5。

表 6-5 土样中不同有机质含量的水泥土试块抗压强度值

土样编号	有机质含量（%）	不同龄期下的抗压强度（MPa）		
		7d	28d	90d
1	0.79	1.36	2.55	3.32
2	1.39	1.00	2.06	2.37
3	1.61	0.60	1.57	1.69
4	2.83	0.49	0.76	0.89

土样中的有机质主要为富里酸和胡敏酸，在富里酸、水和水泥体系中，富里酸呈水溶液形式存在，当水泥和富里酸溶液接触后，两者形成的吸附层会延缓水泥水化的进程。水泥水化生成的水化铝酸钙、水化硫铝酸钙以及水化铁铝酸钙晶体中由于富里酸的分解作用使这些水化产物解体，破坏了水泥土结构的形成，呈一种化学风化的特征。因此有机质使土样具有较大的水容量和塑性、较大的膨胀性和低渗透性，并使土样具有酸性，这些因素都阻碍水泥水化反应的进行。所以有机质含量较高的软土（如超过4%），单纯用水泥加固的效果较差。

(8) 外掺剂对强度的影响。不同外掺剂对水泥土强度有不同影响，例如木质素磺酸钙对水泥土强度增长影响不大，主要起减水作用。石膏、三乙醇胺对水泥土强度有增强作用，而其增强效果对不同土样和不同水泥掺入比不同，选择合适的外掺剂可以提高水泥土强度或节省水泥用量。

在固化剂中掺加与硅酸盐成分和性质相近的纳米硅基氧化物 SiO_{2-x}，其主要技术指标见表 6-6。

表 6-6 纳米硅基氧化物主要技术指标

比表面积（m²/g）	粒径（nm）	表面羟基（%）	摇实密度（g/cm³）	SiO_{2-x} 含量（%）
690	13	47	<0.19	>99.9

试验结果表明,当水泥掺量为20%、水灰比0.45、纳米的掺量为8%时,掺与不掺纳米硅基氧化物的水泥土强度7d龄期时相差约5.3%,60d时相差21.5%,90d时相差28.6%。由此可见,在水泥土中掺入纳米粒子,可提高水泥土强度。

(9) 粉煤灰对强度的影响。粉煤灰是工业废料,具有一定的活性,掺加粉煤灰的水泥土,其强度一般都比不掺加粉煤灰的有所增长。不同水泥掺入比的水泥土,当掺入与水泥等量的粉煤灰后,强度均比不掺粉煤灰的提高10%左右。所以采用搅拌法加固软土掺入粉煤灰,可以消耗工业废料,还可提高水泥土的强度,但应注意环境污染。

(10) 掺入工业废渣的效果。水泥土搅拌桩,在掺入水泥的同时还可掺入工业废渣,如高炉矿渣和转炉钢渣等,这些废渣可利用一般水泥厂的磨粉车间经过适当的加工生产出矿渣水泥和钢渣水泥。掺量均为18%、不同水泥品种的加固效果见表6-7。

表6-7 软土中掺入不同水泥品种的加固效果

水泥品种	水泥强度等级	不同龄期水泥土试块强度(MPa)	
		30d	90d
钢渣水泥	32.5	2.75	3.78
矿渣水泥	32.5	2.00	2.65
硅酸盐水泥	42.5	1.42	2.17
普通硅酸盐水泥	42.5	1.33	1.56

3. 抗拉强度

水泥土的抗拉强度采用劈裂法测定。试验结果表明,试件破坏形式为脆性破坏,破坏面微呈波状起伏。水泥土的抗拉强度随其抗压强度的增大而增大,试验结果见表6-8。从表可见,抗拉强度是抗压强度的1/10~1/18,和混凝土的抗拉强度与抗压强度比值相近。

表6-8 水泥土试件的抗压强度和抗拉强度

试件编号	无侧限抗压强度 f_{cu} (MPa)	抗拉强度 f_{ts} (MPa)	f_{ts}/f_{cu}	试件编号	无侧限抗压强度 f_{cu} (MPa)	抗拉强度 f_{ts} (MPa)	f_{ts}/f_{cu}
1	0.489	0.047	0.096	4	1.386	0.087	0.063
2	0.656	0.053	0.081	5	2.780	0.157	0.056
3	1.196	0.078	0.065	6	3.585	0.196	0.055

4. 抗剪强度

水泥土的抗剪强度采用直接快剪和三轴不排水剪试验测定。

(1) 直接快剪试验。采用应变控制式直剪仪,水泥土试件直径为6.18cm,高度为2.5cm。试验结果见表6-9。

由表6-9可见,水泥土的黏聚力和内摩擦角比原状天然土大,当水泥土的无侧限抗压强度 f_{cu} 在0.6~2.3MPa范围内,其黏聚力比天然土大10~30倍,内摩擦角大12~16倍。水泥土的抗剪强度随其无侧限抗压强度的增大而增加,其黏聚力 c 与无侧限抗压强度 f_{cu} 的比值 $c/f_{cu}=0.18~0.3$,其内摩擦角变化在20°~30°之间。试验结果表明,当水泥土的无侧限抗压强度 f_{cu} 较高时,其抗剪强度 τ_{f0} (法向应力 $\sigma_n=0$ 之强度) 可按 $f_{cu}/2$ 计算;但当水泥土的无侧限抗压强度比较低时,其抗剪强度低于 $f_{cu}/2$ 数值。

表6-9 水泥土直剪试验结果

试件编号	天然土试样			水泥掺量 a_w（%）	水泥土龄期 T（d）	水泥土试样		
	无侧限抗压强度 f_{cu}（MPa）	抗剪强度				无侧限抗压强度 f_{cu}（MPa）	抗剪强度	
		黏聚力 c（MPa）	内摩擦角 φ（°）				黏聚力 c（MPa）	内摩擦角 φ（°）
1	0.041	0.02	2.1	10	28	0.589	0.159	27
2				10	90	1.100	0.268	30
3				15	28	1.322	0.279	32
4				15	90	2.382	0.436	33

（2）三轴不排水剪切试验。采用应变控制式三轴剪力仪，试件直径为3.91cm，高度为8cm。水泥土受三轴剪切时有明显破坏面，破坏面与最大主应力作用面夹角约为60°～70°。水泥土的抗剪强度也随其无侧限抗压强度的增大而增大。

（3）三轴固结排水剪切试验。抗剪强度参数及剪切过程中应力-应变邓肯参数见表6-10。

表6-10 三轴固结排水剪切试验强度指标和邓肯参数成果表

土类	黏聚力 c	内摩擦角 φ	R_f	K	n	G	F	D
水泥土 7d	100.1	41.7	0.69	899.77	0.59	0.13	0.13	26.01
水泥土 28d	151.2	47.8	0.41	1617.99	0.31	7.71	11.98	23.92
原状土 4.3m 深度	15.1	36.9	0.56	61.90	1.10	0.16	0.21	6.91

5. 渗透系数

当天然土的渗透系数为 $\xi \times 10^{-7}$ cm/s 时，随着水泥掺量的增大，水泥土的渗透系数可降低为 $\xi \times (10^{-10} \sim 10^{-11})$ cm/s，如图6-5所示。

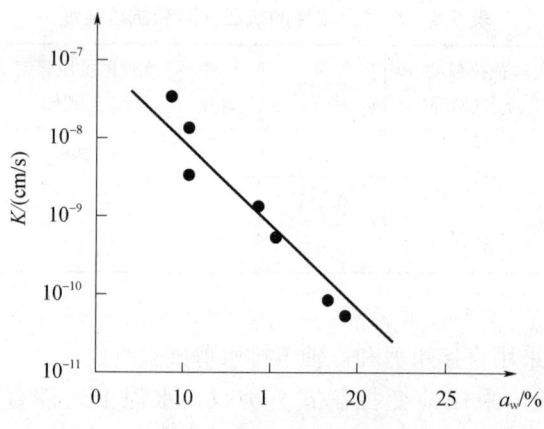

图6-5 水泥土的渗透系数与水泥掺量的关系

6. 水泥土的长期强度

日本竹中土木研究所为了检验水泥土搅拌桩加固软土地基的长期强度，曾对已施工4年的深层搅拌桩开挖并取试样进行抗压强度试验。结果表明，4年龄期的桩身试块无侧限抗压强度均不低于3个月龄期室内试块的强度。国内也有水泥土试块的长期强度试验资料，见表6-11。

表 6-11 水泥土试块室内长期试验数据

试验土质	水泥掺量（%）	下列养护条件时的水泥土强度（MPa）					
		1个月	3个月	6个月	1年	10年	15年
粉砂土	30	13.3	14.2	16.6	17.8	18.9	—
淤泥土	35	9.2	14.5	—	—	—	15.9

6.2.4 水泥土的耐久性能

1. 水泥土的抗冻性

为探讨水泥土搅拌桩冬季施工的可能性，利用冰箱负温条件对水泥土试块进行了抗冻试验。期间最高温度为10℃，最低温度为－15℃，具有正负温度变化的有35d，水泥土试块置于负温条件下共60d。

（1）外观变化。水泥土试块经自然负温冰冻后，其外观无显著变化，仅部分试块表面出现裂缝，有局部微膨胀或出现片状剥落及边角脱落，但深度及面积均不大，可见自然冰冻没有造成水泥土试块内部的结构破坏。

（2）强度数值。表 6-12 为三组水泥土试块的标准养护与负温冰冻对比试验数据。试验表明，水泥土试块在自然冰冻55d后的强度和冻前相比几乎没有增长；恢复正温后，强度才继续提高。冻后正常养护90d的强度与标准养护强度非常接近，抗冻系数达0.9以上。在自然温度不低于－15℃的条件下，冻胀对水泥土结构损害甚微。在负温时，由于水泥与黏土之间的反应减弱，水泥土强度增长缓慢；正温后，随着水泥水化等反应的继续深入，水泥土的强度可接近标准养护的强度。因此只要冬季地温不低于－10℃，就可以进行深层搅拌法的施工。

表 6-12 水泥土抗冻试验结果

土样编号	土样含水量 ω（%）	水泥掺入比 a_ω（%）	下列养护条件时的水泥土强度（MPa）						90d 龄期抗冻系数 f_{cu1}/f_{cu}
			标准养护 f_{cu}			负温60d养护后，再标准养护 f_{cu1}			
			7d	30d	90d	7d	30d	90d	
1	49	10	7.01	7.81	8.67	6.93	7.72	8.66	1.00
2	53	10	7.22	8.77	12.88	8.57	8.93	12.28	0.95
3	63	15	7.83	9.91	13.09	7.82	9.71	12.67	0.97

2. 水泥土的抗蚀性能

水泥土是水泥和土体拌和均匀后的产物，现场水泥土搅拌施工工艺使水泥土中存在大量孔隙，因此对水泥有腐蚀性的土体（或土体中的水）均会对水泥土形成腐蚀作用。主要分两大类：分解性腐蚀和结晶性腐蚀。

水泥水化产物——水化硅酸钙等都必须在一定的 CaO 浓度下才能得到平衡、稳定存在。分解性腐蚀的主要现象就是水泥土中的 $Ca(OH)_2$ 浓度不断下降，导致水化硅酸钙等水泥水化物分解，使水泥土逐步丧失强度。由于水泥土中水泥掺量一般不超过25%，所以这种强度丧失对水泥土具有彻底的破坏性。

对于结晶性腐蚀，由于水泥土的某些特殊性，在一定条件下，水泥土具有一定的抗蚀能力。因为水泥水化生成的氢氧化钙与土中（水中）硫酸盐生成硫酸钙，它进而又可与水泥中的铝酸盐生成含有大量结晶水的硫铝酸钙晶体析出，体积增大。由于水泥土中水泥掺量较少，土中含水量高，黏土矿物对 Ca（OH）$_2$ 又有一定吸收能力，因此使水泥土常常处于 Ca（OH）$_2$ 不饱和状态。加之水泥土的多孔隙性又可为硫铝酸钙充填，反而可提高其强度。

因此，对于勘察报告提及地下水具有腐蚀问题时都必须特别谨慎，在有足够的水泥土抗腐蚀试验数据后才能应用于工程实践。

6.3 济菏高速公路粉喷桩复合地基现场试验

济菏高速公路采用粉喷桩主要处理路堤填高在5m以上的桥台台后、涵洞地基及部分路堤填高在5m以上的一般路段相对软地基。

（1）济菏高速公路十四合同段（K150+490涵洞）水泥粉喷桩单桩和单桩复合地基试验结果见表6-13、表6-14。

表6-13 十四合同段单桩竖向抗压静载荷试验结果

试验点号	检测桩号	最大加荷（kN）	总沉降量（mm）	单桩竖向抗压极限承载力（kN）	单桩竖向抗压承载力特征值（kN）
1号	K150+490南11	360	21.37	360	180
2号	K150+490北8	360	18.73	360	180

表6-14 十四合同段单桩复合地基载荷试验结果

试验点号	检测桩号	最大载荷（kPa）	总沉降量（mm）	复合地基极限承载力（kPa）	复合地基承载力特征值（kPa）
3号	K150+480南9	251	18.13	251	125.5
4号	K150+490北12	251	17.99	251	125.5

单桩竖向抗压承载力特征值为180kN，复合地基承载力特征值为125.5kPa，均满足设计要求。

（2）济菏高速公路十三合同段（K135+486通道）水泥粉喷桩单桩和单桩复合地基试验结果见表6-15、表6-16。

表6-15 十三合同段单桩竖向抗压静载荷试验结果

试验点号	检测桩号	最大加荷（kN）	总沉降量（mm）	单桩竖向抗压极限承载力（kN）	单桩竖向抗压承载力特征值（kN）
1号	K135+486南	360	2.86	360	180
2号	K135+486北	360	7.20	360	180

表6-16 十三合同段单桩复合地基载荷试验结果

试验点号	检测桩号	最大载荷（kPa）	总沉降量（mm）	复合地基极限承载力（kPa）	复合地基承载力特征值（kPa）
3号	K135+486南	251	10.98	251	125.5
4号	K135+486北	251	11.03	251	125.5

单桩竖向抗压承载力特征值为180kN，复合地基承载力特征值为125.5kPa，均满足设计要求。

（3）单桩复合地基静载试验汇总。见表6-17～表6-20、图6-6～图6-13。

表6-17 单桩竖向静载试验汇总（一）

工程名称：济菏高速十四合同段（K150+490 涵洞）　　　试验桩号：K150+490 南 11
测试日期：2005-10-28　　　桩长：7.0m　　　桩径：0.50m

序号	荷载（kN）	历时（min）		沉降（mm）	
		本级	累计	本级	累计
0	0	0	0	0.29	0.29
1	72	120	120	0.99	1.28
2	108	120	240	1.24	2.52
3	144	120	360	1.48	4.00
4	180	120	480	1.69	5.69
5	216	120	600	1.96	7.65
6	252	120	720	2.30	9.95
7	288	120	840	2.57	12.52
8	324	210	1050	4.25	16.77
9	360	270	1320	4.60	21.37
10	288	60	1380	−0.80	20.57
11	216	60	1440	−0.92	19.65
12	144	60	1500	−0.55	19.10
13	72	60	1560	−0.56	18.54
14	0	180	1740	−0.84	17.70

最大沉降量：21.37mm　　　最大回弹量：3.67mm　　　回弹率：17.17%

表6-18 单桩复合地基静载试验汇总（二）

工程名称：济菏高速十四合同段（K150+490 涵洞）　　　试验点号：K150+490 南 9
测试日期：2005-10-27　　　压板面积：2.25m^2　　　置换率：0.087

序号	荷载（kPa）	历时（min）		沉降（mm）	
		本级	累计	本级	累计
0	0	0	0	0.00	0.00
1	31	120	120	0.87	0.87
2	62	120	240	1.80	2.67
3	94	120	360	1.55	4.22
4	125	120	480	2.18	6.40
5	156	120	600	2.45	8.85
6	188	120	720	2.45	11.30
7	219	150	870	2.69	13.99
8	251	150	1020	4.14	18.13
9	188	30	1050	−0.43	17.70
10	125	30	1080	−0.46	17.24
11	62	30	1110	−0.57	16.67
12	0	180	1290	−0.86	15.81

最大沉降量：18.13mm　　　最大回弹量：2.32mm　　　回弹率：12.80%

表 6-19　单桩竖向静载试验汇总（三）

工程名称：济菏高速公路　　　　　　　　　试验桩号：K135＋486 南
测试日期：2005-09-09　　桩长：7.0mm　　　桩径：50cm

序号	荷载（kN）	历时（min）		沉降（mm）	
		本级	累计	本级	累计
0	0	0	0	0.00	0.00
1	90	150	150	0.45	0.45
2	135	150	300	0.36	0.81
3	180	150	450	0.37	1.18
4	225	150	600	0.32	1.50
5	270	150	750	0.35	1.85
6	315	150	900	0.52	2.37
7	360	150	1050	0.49	2.86
8	270	60	1110	−0.12	2.74
9	180	60	1170	−0.10	2.64
10	90	60	1230	−0.13	2.51
11	0	180	1410	−0.15	2.36

最大沉降量：2.86mm　　　最大回弹量：0.50mm　　　回弹率：17.48％

表 6-20　单桩复合地基静载试验汇总（四）

工程名称：济菏高速公路　　　　　　　　　试验点号：K135＋486 南
测试日期：2005-09-10　　压板面积：2.25m²　　置换率：0.087

序号	荷载（kPa）	历时（min）		沉降（mm）	
		本级	累计	本级	累计
0	0	0	0	0.00	0.00
1	31	120	120	1.27	1.27
2	62	120	240	1.02	2.29
3	94	120	360	0.93	3.22
4	125	120	480	0.87	4.09
5	156	120	600	1.14	5.23
6	188	120	720	1.52	6.75
7	219	120	840	1.70	8.45
8	251	120	960	2.53	10.98
9	188	30	990	−0.82	10.16
10	125	30	1020	−0.62	9.54
11	62	30	1050	−0.56	8.98
12	0	180	1230	−0.66	8.32

最大沉降量：10.98mm　　　最大回弹量：2.66mm　　　回弹率：24.23％

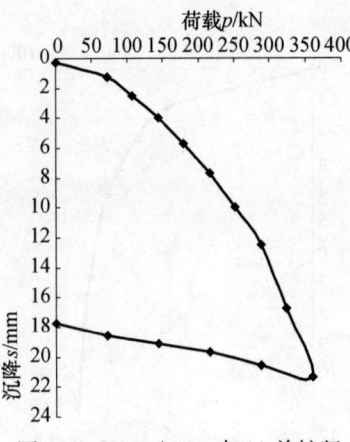

图 6-6　K150+490 南 11 单桩竖
向静载试验 $p\text{-}s$ 曲线

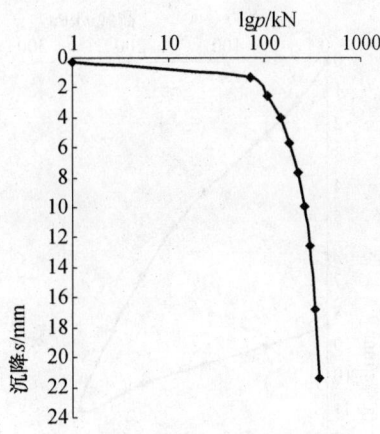

图 6-7　K150+490 南 11 单桩竖
向静载试验 $\lg p\text{-}s$ 曲线

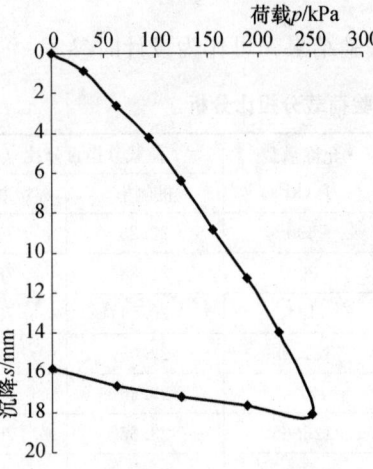

图 6-8　K150+490 南 9 单桩复合
地基静载试验 $p\text{-}s$ 曲线

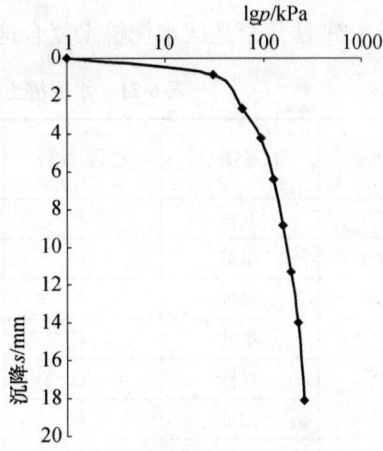

图 6-9　K150+490 南 11 单桩复合
地基静载试验 $\lg p\text{-}s$ 曲线

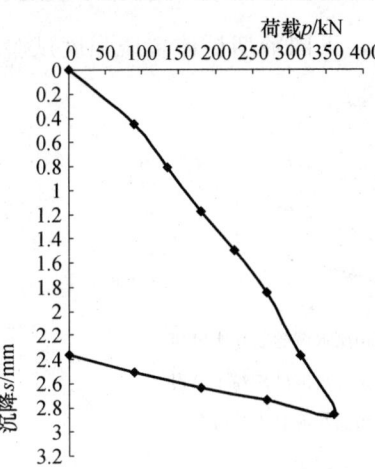

图 6-10　K135+486 南单桩竖
向静载试验 $p\text{-}s$ 曲线

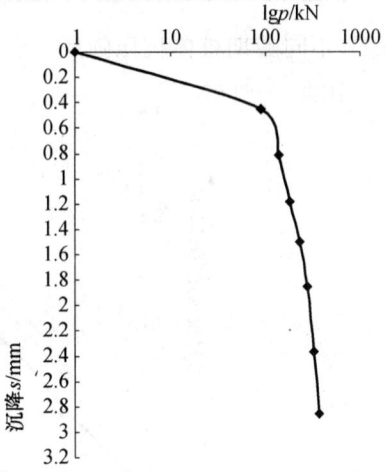

图 6-11　K135+486 南单桩竖
向静载试验 $\lg p\text{-}s$ 曲线

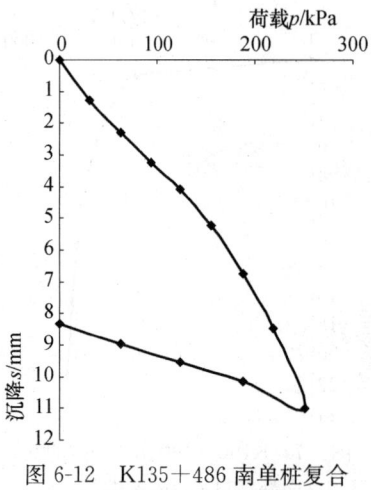

图 6-12 K135+486 南单桩复合地基静载试验 p-s 曲线

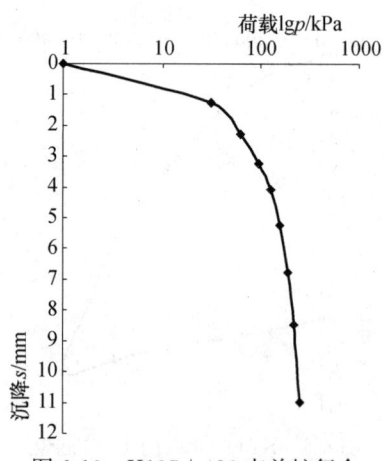

图 6-13 K135+486 南单桩复合地基静载试验 lgp-s 曲线

表 6-21 是几个地区水泥桩土复合地基现场载荷试验结果，可作为设计时参考。

表 6-21 水泥桩土复合地基载荷试验荷载分担比分析

试验地点	试验类型	桩数（根）	荷载板面积（m²）	允许承载力（kPa）	荷载分担百分比（%）	
					桩侧土	桩体
南京 1	双桩	2	2×2	600	22.25	77.48
南京 2	单桩	1	1.4×1.4	300	21.88	78.12
连云港	双桩	2	1.8×1.8	124	20.54	79.16
福州	单桩	1	1.0×1.0	131.25	22.05	77.95
	双桩	2	1.0×2.0	127.5	23.46	76.54
	四桩	4	2.0×2.0	126.65	23.65	76.35
济菏高速十四合同段	单桩	1	1.0×1.0	180	16.1	83.9
	双桩	2	2.0×1.0	140	20.1	79.9
昆明	四桩	4	2.1×2.1	280	39.35	60.65

（4）不同龄期桩体抗压强度。经现场取芯试验，不同龄期桩体抗压强度试验结果如图 6-14～图 6-17 所示。

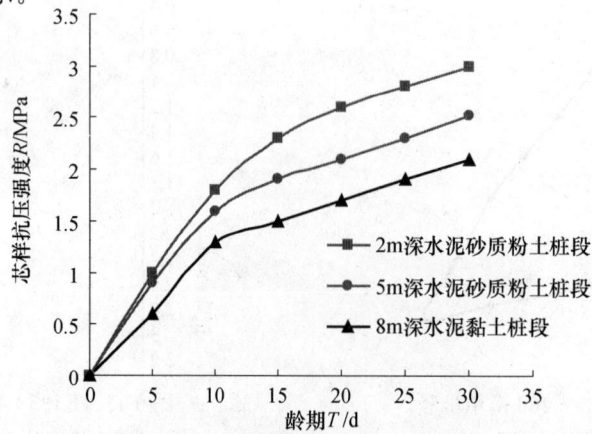

图 6-14 K147+983 粉喷桩（砂质粉土、黏土）芯样抗压强度与龄期的关系

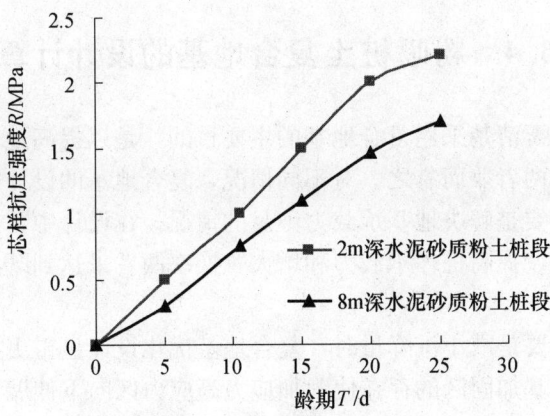

图 6-15　K135＋486 粉喷桩（砂质粉土）芯样
抗压强度与龄期的关系（桩长 7m）

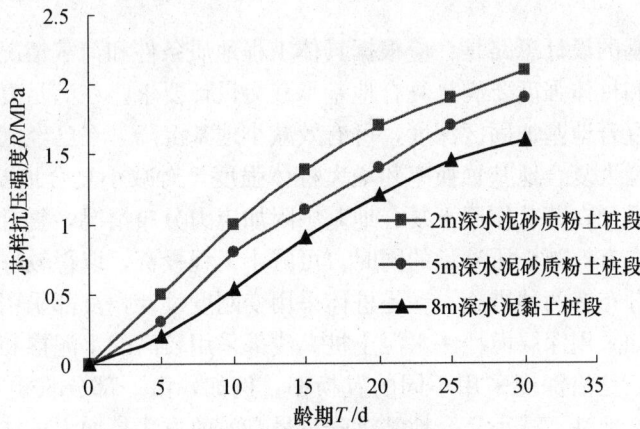

图 6-16　K147＋100 粉喷桩（砂质粉土、黏土）
芯样抗压强度与龄期的关系

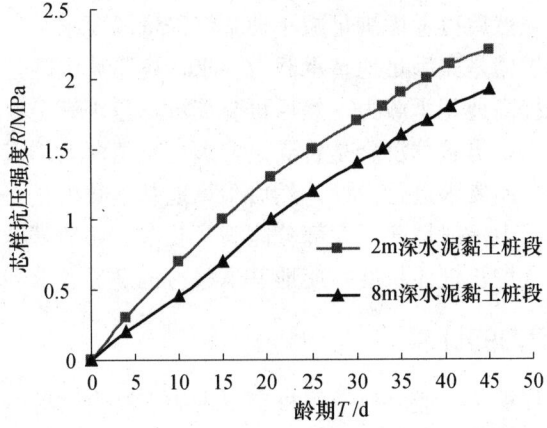

图 6-17　K150＋860 粉喷桩（高液限黏性土）芯样抗压
强度与龄期的关系（水泥掺入量 18%）

6.4　粉喷桩土复合地基的设计计算

复合地基设计时，要清楚采用复合地基的主要目的，是以提高地基承载力为主，还是以减小地基沉降为主，或两者兼而有之。对不同情况，复合地基的设计思路不同。

对采用复合地基主要是解决地基承载力不足的情况，在设计中首先要充分利用天然地基的承载力，然后通过协调提高桩体承载力和增大置换率两者来达到既满足承载力要求，又比较经济的目的。

对采用复合地基主要是减小沉降量时，复合地基优化设计显得更为重要。从复合地基位移场特性可知，复合地基加固区的存在使附加应力高应力区向下伸展，附加应力影响深度变深。从深厚软黏土地基上复合地基加固区和下卧层压缩量分析可知，当软弱下卧层较厚时，下卧层土体压缩量占复合地基总沉降比例很大，因此，减小复合地基的沉降量最有效的方法是减小软弱下卧层的压缩量。减小软弱下卧层压缩量的方法最有效的是加深复合地基的加固区深度。

因此，复合地基的设计思路是：应根据具体工程地质条件和荷载情况，设计采用的复合地基加固区置换率和桩体强度要满足复合地基承载力设计要求。在满足复合地基承载力设计要求前提下，增加复合地基加固区深度，可有效减小地基沉降。在已经满足复合地基承载力设计前提下，继续增大复合地基置换率和增大桩体强度，对减小复合地基沉降效果不明显，有时反而有害。考虑到在荷载作用下复合地基中附加应力分布情况，复合地基加固区按深度采用变刚度分布，在有效减小压缩量的同时，可减小工程投资，取得较好的经济效益。复合地基加固区变刚度分布有两种措施：一是桩体采用变刚度设计，浅部采用较大刚度，深部则采用较小刚度，例如采用深层搅拌法水泥土桩，浅部采用较高的水泥掺和量，深部则采用较低的水泥掺和量；二是沿深度采用不同的置换率，例如，由一部分长桩与一部分短桩相结合，组成长短桩复合地基。减小复合地基沉降量最有效的方法是增大桩体长度，有效减少软弱下卧层厚度，或通过加大加固区深度，不仅减少下卧层厚度，而且可以减小下卧层中附加应力值。

对采用复合地基既为了解决地基承载力不足的要求又为了减小地基沉降量时，首先要考虑满足地基承载力要求，然后再考虑满足减小地基沉降量的要求。

按承载力控制设计思路是先满足地基承载力要求，再验算沉降是否满足要求，如沉降量不能满足要求，则考虑提高地基承载力，然后再验算沉降是否满足要求。如沉降还不能满足要求，再提高地基承载力，再验算沉降是否满足要求，直至两者均满足要求为止。按沉降控制设计思路是先按沉降控制要求进行设计，然后验算地基承载力是否满足要求。在沉降满足要求的条件下，地基承载力一般情况下大部分能满足要求。如地基承载力不能满足要求，适当增加复合地基置换率或增长桩体长度，使地基承载力也满足要求即可。

6.4.1　单桩承载力的计算

承受垂直荷载的搅拌桩，一般应使土对桩身提供的支撑力（桩侧摩阻力和桩端阻力）与由桩身水泥土材料强度所提供的承载力相近，并使后者大于前者最为经济。在超软土地区如能使搅拌桩桩身强度达到 $0.8 \sim 1 \mathrm{MPa}$ 及以上，桩身尽量抵达有一定厚度（例如大于 1m）、承载力相对较高的土层，采用水泥土搅拌加固法，均能取得良好的技术经济效果。《建筑地

基处理技术规范》(JGJ 79—2012)要求,水泥土搅拌桩复合地基设计应符合下列规定:

(1) 设计前,应进行处理地基土的室内配比试验。针对现场拟处理地基土层的性质,选择合适的固化剂、外掺剂及其掺量,为设计提供不同龄期、不同配比的强度参数。对竖向承载的水泥土强度宜取 90d 龄期试块的立方体抗压强度平均值。

(2) 增强体的水泥掺量不应小于 12%,块状加固时水泥掺量不应小于加固天然土质量的 7%;湿法的水泥浆水灰比可取 0.5~0.6。

(3) 水泥土搅拌桩复合地基宜在基础和桩之间设置褥垫层,厚度可取 200~300mm。褥垫层材料可选用中砂、粗砂、级配砂石等,最大粒径不宜大于 20mm。褥垫层的夯填度不应大于 0.9。

(4) 搅拌桩的长度,应根据上部结构对地基承载力和变形的要求确定,并应穿透软弱土层到达地基承载力相对较高的土层;当设置的搅拌桩同时为提高地基稳定性时,其桩长应超过危险滑弧以下不少于 2.0m;干法的加固深度不宜大于 15m,湿法加固深度不宜大于 20m。

(5) 桩长超过 10m 时,可采用固化剂变掺量设计。在全长桩身水泥总掺量不变的前提下,桩身上部 1/3 桩长范围内,可适当增加水泥掺量及搅拌次数。

桩的设计首先是确定桩长和选择水泥掺入比。单桩的设计步骤一般可分为三种情况:

① 当由于拟加固场地的土质条件、施工机械等因素限制搅拌桩打设深度时,应先确定桩长,根据桩长计算单桩容许承载力,然后再确定桩身强度,并根据水泥土室内强度试验资料,选择相应于所需桩身强度的水泥掺入比。

② 当搅拌加固的深度不受限制时,可根据室内强度试验结果选择水泥掺入比,确定桩身强度,再根据选定的强度计算单桩承载力,然后再求桩长。

③ 直接根据上部结构对地基的要求,先选定单桩承载力,即可求得桩长和桩身强度,然后根据室内强度试验材料选择相应于要求的桩身强度的水泥掺入比。

增强体单桩竖向承载力特征值,应通过现场静载荷试验确定。初步设计时可按式(6-2)估算,桩端端阻力发挥系数可取 0.4~0.6;桩端端阻力特征值,可取桩端土未修正的地基承载力特征值,并应满足式(6-3)的要求,应使由桩身材料强度确定的单桩承载力不小于由桩周土和桩端土的抗力所提供的单桩承载力。

$$R_a = u_p \sum_{i=1}^{n} q_{si} l_{pi} + \alpha_p q_p A_p \tag{6-2}$$

式中　u_p——桩的周长,m;

　　　q_{si}——桩周第 i 层土的侧阻力特征值,kPa,可按地区经验确定;

　　　l_{pi}——桩长范围内第 i 层土的厚度,m;

　　　α_p——桩端端阻力发挥系数,应按地区经验确定;

　　　q_p——桩端端阻力特征值,kPa,可按地区经验确定;对于水泥搅拌桩、旋喷桩,应取未经修正的桩端地基土承载力特征值。

$$R_a = \eta f_{cu} A_p \tag{6-3}$$

式中　f_{cu}——与搅拌桩桩身水泥土配比相同的室内加固土试块,边长为 70.7mm 的立方体在标准养护条件下 90d 龄期的立方体抗压强度平均值,kPa;

　　　η——桩身强度折减系数,干法可取 0.20~0.25,湿法可取 0.25。

其他符号意义同前。

6.4.2 桩土复合地基承载力计算

水泥土桩的承载力性状与刚性桩相似，设计时可仅在上部结构基础范围内布桩。但是，由于桩身强度较刚性桩为低，在垂直荷载作用下有一定的压缩变形，在桩身压缩变形的同时，其周围的软土也能分担一部分荷载。因此，当桩的间距较大时，水泥土搅拌桩可与周围的软土组成柔性桩复合地基。

复合地基的承载力特征值，应通过现场单桩或多桩复合地基静载荷试验确定。初步设计时可按式（6-4）估算，处理后桩间土承载力特征值 f_{sk}（kPa）可取天然地基承载力特征值；桩间土承载力发挥系数 β，对淤泥、淤泥质土和流塑状软土等处理土层，可取 0.1~0.4，对其他土层可取 0.4~0.8；单桩承载力发挥系数 λ 可取 1.0。

$$f_{sp,k}=\lambda m \frac{R_a}{A_p}+\beta(1-m)f_{s,k} \tag{6-4}$$

式中　$f_{sp,k}$——复合地基的承载力特征值，kPa；
　　　λ——单桩承载力发挥系数，可按地区经验取值；
　　　R_a——单桩竖向承载力特征值，kN；
　　　A_p——桩的截面积，m²；
　　　β——桩间土承载力发挥系数，可按地区经验取值；
　　　m——面积置换率，$m=\dfrac{d^2}{d_c^2}$，d 为桩身平均直径，m；d_c 为一根桩分担的处理地基面积的等效圆直径，m；等边三角形布桩 $d_c=1.05s$，正方形布桩 $d_c=1.13s$，矩形布桩 $d_c=1.13\sqrt{s_1 s_2}$，s、s_1、s_2 分别为桩间距、纵向桩间距和横向桩间距；
　　　$f_{s,k}$——处理后桩间土承载力特征值，kPa，可按地区经验确定。

6.4.3 置换率和桩数的计算

在通常的设计过程中，根据上部结构对地基要求达到的承载力 f_{spk} 和单桩竖向承载力特征值 R_a，按式（6-5）即可求得所需的置换率。

$$m=\frac{f_{sp,k}-\beta f_{s,k}}{\dfrac{R_a}{A_p}-\beta f_{s,k}} \tag{6-5}$$

对于采用柱状加固时，可采用正方形或等边三角形布桩形式，其总桩数可按式（6-6）计算。

$$n=\frac{mA}{A_p} \tag{6-6}$$

式中　n——总桩数；
　　　A——基础底面积。

对于独立基础下的桩数不宜少于 3 根。

6.4.4 桩位平面布置

水泥土桩的总桩数确定后，即可按选定的加固形式和上部荷载的分布进行布桩。桩的平面布置可根据上部结构特点及对地基承载力和变形的要求，采用柱状、壁状、格栅状或块状等加固形式。独立基础下的桩数不宜少于 4 根。柱状加固时，桩的平面布置以桩距最大（以利充分发挥桩侧摩阻力）和便于施工为原则。壁状加固和格栅状加固时可根据上部荷载分布情况将搅拌桩布置成相互搭接的壁状体；当总桩数不足以形成壁状加固体时，可增添较短的连接桩，确保桩体连接成壁状或格栅状，对于减少复合地基的沉降量，有极为明显的效果。

6.4.5 下卧层地基强度的验算

当搅拌桩处理范围以下存在软弱下卧层时，应按现行国家标准《建筑地基基础设计规范》（GB 50007）的有关规定进行软弱下卧层地基承载力验算。可将搅拌桩和桩间土视为一个假想实体基础进行下卧层地基强度验算。

$$R_b = \frac{f_{sp,k}A + G - Vq_s - f_{s,k}(A-F_1)}{F_1} \leq R_s \tag{6-7}$$

式中 R_b——假想实体基础底面处的平均压力；
G——假想实体基础的自重；
V——假想实体基础的侧表面积；
F_1——假想实体基础的底面积；
q_s——假想实体基础侧面土层摩阻力的平均值；
R_s——假想实体基础底面处修正后的地基承载力特征值。

当下卧层强度验算不能满足要求时，可重新设计单桩，直至满足要求。

6.4.6 沉降计算

当搅拌桩复合地基承受上部基础传递的垂直荷载后，所产生的垂直沉降 S 包括桩土复合层本身的压缩变形 S_1 和桩土复合层底面以下土的沉降量 S_2，即 $S = S_1 + S_2$。

（1）桩土复合层的压缩变形 S_1 可按式（6-8）进行计算：

$$S_1 = \frac{(P_z + P_{zl})L}{2E_{sp}} \tag{6-8}$$

其中：
$$P_z = \frac{f_{sp,k}A - f_{s,k}(A-F_1)}{F_1}$$

$$P_{zl} = R_b - \gamma_p L$$

$$E_{sp} = mE_{50} + (1-m)E_s$$

式中 P_z——桩土复合层顶面的平均压力；
P_{zl}——桩土复合层底面的附加压力；
γ_p——桩土复合体的平均重度；
L——桩长；
E_{sp}——桩土复合体的变形模量；
E_{50}，E_s——桩身水泥土和桩间土的变形模量，对于 E_{50} 可取 $(100\sim120)f_{cu,k}$。

大量计算表明，S_1 值可根据上部荷载、桩长、桩身强度等因素变化在 $1.0\sim3.0$ cm。

（2）桩土复合底面以下未加固土体的压缩变形沉降量 S_2 可按《建筑地基基础设计规范》（GB 50007）中规定的分层总和法进行计算。

6.4.7 复合地基设计应注意的问题

桩土复合地基设计参数较多，如桩长、桩径、桩体强度、置换率等。合理选用复合地基形式和设计参数，对黄河冲积平原非均质层叠软基尤为重要。

6.5 复合地基优化设计实例

对一具体工程，可以按不同的桩长计算复合地基承载力、置换率与复合地基沉降的关系曲线。如采用三种不同桩长，则不同桩长情况下复合地基承载力、地基置换率、复合地基沉降与加固单位面积地基费用之间的关系曲线如图 6-18 所示。

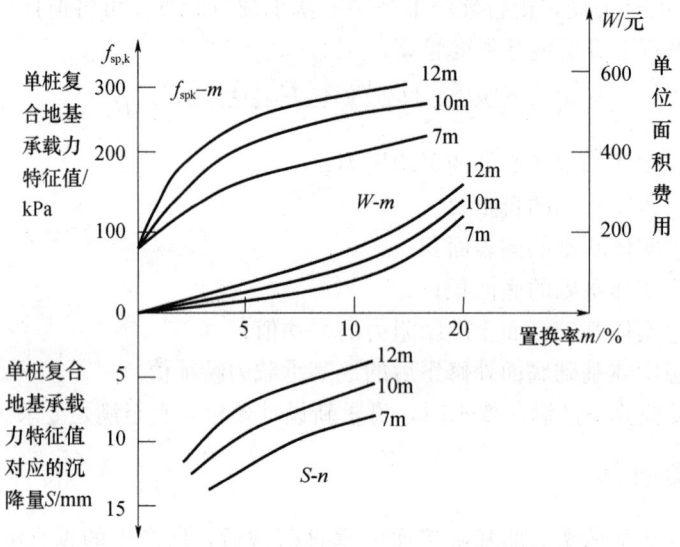

图 6-18　粉喷桩土复合地基桩长、置换率、承载力特征值及沉降量和单位面积地基工程费用之间的关系

从图 6-18 可知：

（1）当沉降控制为 10mm 时，如桩长 $L=12m$，则置换率可取 $n=2.5\%$，承载力 $f_{sp,k}=180kPa$，单位面积费用 $W=80$ 元/m^2；当 $L=10m$，则 $n=5\%$，$f_{sp,k}=190kPa$，$W=80$ 元/m^2；当 $L=7m$，则 $n=6.5\%$，$f_{sp,k}=170kPa$，$W=70$ 元/m^2。

（2）当复合地基承载力特征值 $f_{sp,k}=210kPa$ 时，如桩长 $L=12m$，则置换率取 $n=3.5\%$，沉降量 $S=7.5mm$，费用 $W=100$ 元/m^2；$L=10m$，则 $S=9mm$，$n=5\%$，$W=80$ 元/m^2；如 $L=7m$，则 $S=7mm$，$n=7.5\%$，$W=95$ 元/m^2。

由此可见，置换率的变化对承载力的影响非常显著。随着置换率的提高，承载力增大，主要是通过桩数的增加来实现。但当桩长相同时，单位面积加固费用会相应提高，随着置换率的增加，单位桩长所提供的承载力略有下降；随着桩长增加，单位桩长所能提供的承载力有一定的提高。所以对提高桩土复合地基承载力而言，增加桩长要比提高置换率更经济一些。对于减少沉降量也有相似的结论，即减少桩土复合地基的沉降量，增加桩长要比提高置换率更经济一些。以上两个结论并不是绝对的，因为当桩长超过某个临界长度（桩顶压力的传递长度）后，再增加桩长，对桩土复合地基的承载力影响不大，但对减小桩土复合地基的沉降量有效。为了更深入了解，必须分析桩土应力比及相应的荷载分担比。

1. 桩土应力比

由水泥土桩和桩侧土层组成桩土复合地基，当其承受上部传递的均布荷载后，由于桩体和土体的强度和刚度有明显的差别，因此应力将重新分配，在桩体产生应力集中而在桩间土体中产生应力降低，桩体中与土体中应力的比值称为桩土应力分担比（简称应力比），用ζ表示。

在外荷载的作用下，桩和桩侧土体受力体系共同产生变形。在加荷初期，荷载将比较均匀地传递到桩顶和桩侧土，然后随着桩和桩侧土体变形的发展，土体应力逐渐向桩集中。当荷载增大，复合地基的变形也随之增大，桩应力集中加剧，桩土应力比也随之增大。当桩应力超过桩身比例极限强度后，桩体进入塑性状态，桩体变形加大，桩应力又逐渐向桩间土体转移，桩土应力比减少，直至桩和土共同进入塑性状态，趋于某一值。所以桩土应力比ζ和应力水平有关，在工程设计中应根据基底压力大小来选用ζ值。试验表明，在各级荷载下，ζ随时间的变化不大。图 6-19 是应力比ζ和荷载 P 的关系。

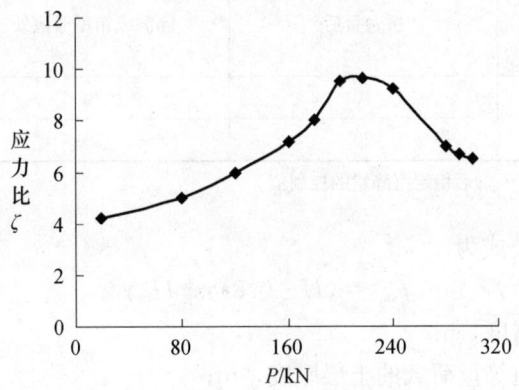

图 6-19 桩土应力比ζ与荷载 P 的关系

由图 6-19 可见，ζ值的范围约为 5～8，其峰值在现场静载试验取得的 P-S 曲线上的比例极限荷载附近取得。

影响应力比的因素较多，主要有以下几个方面：

(1) 桩侧土质相同时，在不发生刺入破坏的条件下，水泥掺量越大，搅拌桩体强度越高，桩体变形模量越高，应力比也越大。

(2) 当桩体强度相同时，应力比随桩侧土的强度提高而减小。

(3) 当桩体强度、桩侧土质相同时，应力比随着桩长的增加而增大。但桩长达到某一数值后，ζ值几乎不再增大。这就存在一个临界桩长 L_e 的概念。即桩长 L 大于 L_e 后，ζ值几乎不再增大。但不能将临界桩长视为极限，临界桩长只是表明桩顶应力的传递长度，超过该长度后的桩长对于减少桩的沉降量仍然有效。

2. 荷载分担比

由水泥土复合地基载荷试验可知，桩土应力比不是常数，随着荷载的增加而增大，到最大值后有所减少。出现最大应力比，说明此时桩承受的荷载占总荷载的百分比最大，即桩发挥的效率最高，可以此分析荷载的桩土分担。黄河冲积平原地基现场载荷试验分析表明：当桩的水泥掺入量为 10%～20%，水泥土桩的置换率为 5%～10%，桩长 7～15m，桩侧土为软土或填土，承载力标准值低于 100kPa 时，桩侧土可分担总荷载的 20%～40%，桩体可分担总荷载的 60%～80%。

粉喷桩复合地基方案优化设计是一个多因素互相作用的问题，在具体工程设计中，可按下列步骤进行优化设计。

(1) 沿线路纵向按地层结构基本相似的原则将沿线地基分成不同地基桩段。地层结构基本相似是指在某桩段内，从地表到 20m 深的地层，由相同的层数、相同土类，平均物理力学指标值基本接近。然后将各桩段区域按路堤填土高度及结构物所在位置分成不同纵向加固区和横向加固区，横向分为路面宽度投影区和左右边坡投影区。

(2) 依据路堤宽度、路面厚度以及所在结构物部位，按设计规范要求，计算出每个加固区内桩土复合地基加固后要求的承载力特征值 $f_{sp,k}$ 及对应的控制沉降量 S_k，其取值见表 6-22。

表 6-22 桩土复合地基现场载荷试验沉降量控制值 S_k

道路等级 \ 工程位置 S_k	桥台台后	涵洞或箱型通道处	一般路段
高速，一级公路	10	20	30
二级公路（高级路面）	20	30	50

注：表中 S_k 是指复合地基加载 $f_{sp,k}$ 后稳定沉降量的控制值。

承载力特征值计算公式为

$$f_{sp,k}=(H+0.8)\gamma+H_m\gamma_1 \tag{6-9}$$

式中　H——路堤填土高度，m；

　　0.8——相当于交通等量荷载的土层厚度，m；

　　γ——路堤填土重度，取加权平均值，无资料时可取 $\gamma=19kN/m^3$；

　　H_m——路面结构厚度；

　　γ_1——路面结构层重度，取加权平均值，无资料时可取 $\gamma_1=24kN/cm^3$。

(3) 选取不同的置换率及桩长 L，一般取 5 组数据。济菏高速公路十三合同 K133+000～K136+000 路段，取 $m=6\%$，7%，8%，9%，10%，$L=6$，7，8，9，10 (m)，然后根据经验公式或现场试桩工程结果绘图，图中 W-m 曲线是根据施工桩预算绘出，图中有不同桩长下的 $f_{sp,k}$-m，S-m 及 W-m 曲线。通过对此图分析，可找出该区粉喷桩施工的计算最优参数：桩长、桩间距（由置换率 m 确定）。

(4) 计算所得的最优参数 L 及 m，可根据地质、桩底持力层深度及便于施工进行调整。调整方法如下：

① 根据计算桩长，如果桩底高程高出相对强度较高的土层顶面高程 50cm，可将桩加长 1m，使桩底进入持力层 50cm，并适当加大桩间距。如果桩底面在持力层底面高程以下大于 50cm，可将桩长缩短，使桩底伸入持力层 50cm 即可。原因是目前粉喷桩施工机械，在承载力大于等于 120kPa 的地层，不但施工困难，而且喷水泥量极少，且无法搅拌均匀，因而成桩质量很差。可以用减少桩间距即增加 m 值来解决因桩长减少造成复合地基承载力特征值减少及沉降量增大的问题。

② 如果相邻两加固区域计算桩长及置换率相差较小，可取两区的桩长 L 及置换率平均值 m 作为两区最优设计值。

(5) 鲁西南粉喷桩加固地基每米桩长喷水泥量一般为 45～60kg/m，在施工过程中采用控制每根桩总喷入水泥量控制桩身质量，这显然是不科学的，应按以下原则来确定最优喷入水泥量：

① 根据室内试验或现场取试验桩芯测试结果确定各土层桩段水泥喷入量，例如当要求桩身有相同强度时，砂质粉土与淤泥质黏土的水泥喷入量相差较大。

② 桩身强度（由水泥喷入量及搅拌次数确定）优化设计原则是使桩周土对桩提供的支撑力（桩侧摩阻力和桩端阻力）与桩身水泥土材料所提供的承载力相近，因此桩身设计强度从桩顶到桩底应该是递减的，所以当地层土层相同时，且平均水泥喷入量为50kg/m时，则施工喷粉量在桩头段1m应为64kg/m，桩底段1m应为38kg/m，其余$L-2$m段，从上部向下线性递减，即从64kg/m减到38kg/m。如果地层为非均质，则按此原则计算施工时各土层水泥喷入量。

最后可得出每个加固区的桩长、桩间距及各桩段喷入的水泥量。

6.6 水泥土搅拌桩施工

水泥土搅拌桩的施工工艺分为浆液搅拌法（简称湿法）和粉体搅拌法（简称干法）。可采用单轴、双轴、多轴搅拌或连续成槽搅拌形成柱状、壁状、格栅状或块状水泥土加固体。

搅拌桩施工时，停浆（灰）面应高于桩顶设计标高500mm。在开挖基坑时，应将桩顶以上土层及桩顶施工质量较差的桩段，采用人工挖除。施工中，应保持搅拌桩机底盘的水平和导向架的竖直，搅拌桩的垂直度允许偏差和桩位偏差应满足要求；成桩直径和桩长不得小于设计值。

水泥土搅拌桩施工前，应予以平整、清除地上和地下的障碍物。根据设计进行工艺性试桩，数量不得少于3根，多轴搅拌施工不得少于3组。对工艺试桩的质量进行检验，确定施工参数。搅拌头翼片的枚数、宽度、与搅拌轴的垂直夹角、搅拌头的回转数、提升速度应相互匹配，干法搅拌时钻头每转一圈的提升（或下沉）量宜为10～15mm，确保加固深度范围内土体任何一点均能经过20次以上的搅拌。

1. 水泥土搅拌桩施工主要步骤

（1）搅拌机械就位、调平。

（2）预搅下沉至设计加固深度。

（3）边喷浆（或粉）边搅拌提升直至预定的停浆（或灰）面。

（4）重复搅拌下沉至设计加固深度。

（5）根据设计要求，喷浆（或粉）或仅搅拌提升直至预定的停浆（或灰）面。

（6）关闭搅拌机械。

在预（复）搅下沉时，也可采用喷浆（粉）的施工工艺，确保全桩长上下至少再重复搅拌一次。

对地基土进行干法咬合加固时，如复搅困难，可采用慢速搅拌，保证搅拌的均匀性。

2. 水泥土搅拌湿法施工要点

（1）施工前，应确定灰浆泵输浆量、灰浆经输浆管到达搅拌机喷浆口的时间和起吊设备提升速度等施工参数，根据设计要求，通过工艺性成桩试验确定施工工艺。

（2）施工中所使用的水泥应过筛，制备好的浆液不得离析，泵送浆应连续进行。应记录拌制水泥浆液的罐数、水泥和外掺剂用量以及泵送浆液的时间；喷浆量及搅拌深度采用经国家计量部门认证的监测仪器进行自动记录；搅拌机喷浆提升的速度和次数应符合施工工艺要求，并设专人进行记录。

(3) 当水泥浆液到达出浆口后,应喷浆搅拌 30s,在水泥浆与桩端土充分搅拌后,再开始提升搅拌头。

(4) 搅拌机预搅下沉时,不宜冲水,当遇到硬土层下沉太慢时,可适量冲水。

(5) 施工过程中,如因故停浆,应将搅拌头下沉至停浆点以下 0.5m 处,待恢复供浆时,再喷浆搅拌提升;若停机超过 3h,宜先拆卸输浆管路,并妥加清洗。

(5) 壁状加固时,相邻桩的施工时间间隔不宜超过 12h。

3. 水泥土搅拌干法施工要点

(1) 喷粉施工前,应检查搅拌机械、供粉泵、送气(粉)管路、接头和阀门的密封性、可靠性,送气(粉)管路的长度不宜大于 60m。

(2) 搅拌头每旋转一周,提升高度不得超过 15mm。

(3) 搅拌头的直径应定期复核检查,其磨耗量不得大于 10mm。

(4) 当搅拌头到达设计桩底以上 1.5m 时,应开启喷粉机提前进行喷粉作业;当搅拌头提升至地面下 500mm 时,喷粉机应停止喷粉。

(5) 成桩过程中,因故停止喷粉,应将搅拌头下沉至停灰面以下 1m 处,待恢复喷粉时,再喷粉搅拌提升。

(6) 水泥土搅拌桩干法施工机械必须配置经国家计量部门确认的具有能瞬时检测并记录出粉体计量装置及搅拌深度自动记录仪。

4. 水泥土搅拌桩复合地基质量检验

施工过程中应随时检查施工记录和计量记录。水泥土搅拌桩的施工质量检验可采用下列方法:①成桩 3d 内,采用轻型动力触探(N_{10})检查上部桩身的均匀性,检验数量为施工总桩数的 1%,且不少于 3 根;②成桩 7d 后,采用浅部开挖桩头进行检查,开挖深度宜超过停浆(灰)面下 0.5m,检查搅拌的均匀性,量测成桩直径,检查数量不少于总桩数的 5%。

成桩 28d 后,水泥土搅拌桩复合地基承载力检验采用复合地基静载荷试验和单桩静载荷试验,验收检验数量不少于总桩数的 1%,复合地基静载荷试验数量不少于 3 台(多轴搅拌为 3 组)。对变形有严格要求的工程,应在成桩 28d 后,采用双管单动取样器钻取芯样做水泥土抗压强度检验,检验数量为施工总桩数的 0.5%,且不少于 6 点。基槽开挖后,检验桩位、桩数与桩顶桩身质量,如不符合设计要求,应采取有效补强措施。

7 鲁西南黄河冲积平原典型土类工程特性与路堤施工技术

鲁西南黄河冲积平原是黄淮流域或华北平原的典型代表性区域，该区域从地面到地下50m深的地层主要由低液限粉性土类构成，其次为少量的一般性黏土和高液限黏土。本章主要介绍鲁西南黄河冲积平原地区具有代表性土类的工程特性与路堤施工技术。

7.1 低液限粉土

黄河冲积平原粉土是由黄河高含沙悬浮液的搬运、絮聚、聚沉形成，是一类特殊土。这些土类的共同特点是粉粒（颗粒直径在 0.075～0.005mm 之间）含量较高，一般液限 $\omega_L=29\%\sim31\%$，塑性指数 $I_P\leqslant10$，非黏性土矿物主要由石英、长石、碳酸盐、云母组成，平均含量占74%，黏土类矿物平均含量占26%，最低为7%，其中伊利石、蒙脱石二者占79%，最高达84%。与西北黄土、华南红土、东北黑土相比，K_2O+Na_2O 含量高，黏粒含量极低，级配差，是以原生矿物细砂、粉粒组成的级配不良的碱性粉土。该土呈深灰色细粒状，粒径集中、松散且不稳定，工程性质不良。施工中存在的主要问题有：①由于低液限粉性土毛细管发育，渗水性强，保水性差，水分蒸发快，土料含水量变化较大，导致压实度离散性大。②碾压较困难，压实机械功能小或压实遍数少即欠压，达不到要求的压实度，过压则松散，特别是在过振压实情况下。③大型机械、车辆在验收合格后的层面上运行操作，会产生严重的扰动破坏，形成深约10cm 的车辙，车辙旁出现高约6cm 隆起等破坏现象，使该层由合格变成严重的不合格。④强度弱化。检验合格的土层，如果暴露未及时覆盖，会随时间的延长出现强度弱化，特别是在雨天或风干天气，强度弱化程度加剧。⑤按照现行的路基压实标准，粉土路基压实后孔隙率较大，在路堤可能浸水的情况下，水的浸入量随孔隙率的增大而增加，造成路堤固结沉陷，强度降低，对土基的水稳定性不利。⑥由于粉土的颗粒较单一，黏性颗粒含量少，较松散，持水性差，常规的压实方法难以压实。

《公路路基施工技术规范》(JTG F10—2006) 规定，粉质土不宜直接填筑于路床，不得直接填筑于冰冻地区的路床及浸水部分的路堤。

因此粉土填筑路堤施工技术是黄河冲积平原高等级公路建设中急需解决的问题。

7.1.1 低液限粉土的物理性能

土样取自济菏高速公路十四合同段路基填土，按照《公路土工试验规程》(JTG E 40—2007) 测定土样的颗粒组成和物理指标，试验结果见表 7-1、表 7-2。

表 7-1 土料粒径分析结果

粒径 d (mm)	>0.5	0.5～0.25	0.25～0.074	0.074～0.05	0.05～0.01	0.01～0.005	<0.005	<0.002
含量（%）	0	0.05	39.50	40.20	12.80	1.23	6.22	4.00

表 7-2 土料物理指标试验结果

天然含水量 ω（%）	液限 ω_L（%）	塑限 ω_P（%）	塑性指数 I_L	土粒重度 G_s（kN/m³）
3.15	26.80	17.10	9.70	27.05

根据《公路土工试验规程》中土的分类，该土定名为低液限粉土。其颗粒主要由粉粒和砂粒组成，黏粒含量极少，塑性指数偏低，成土条件比较单一，粒径比较均匀，磨圆度好，近乎球形体堆积，土颗粒之间容易滑动，稳定性较差。这也是导致该土较难压实、板体性差的主要原因。

对上述土样采用常规重型击实试验，结果见表 7-3，击实曲线如图 7-1 所示。

表 7-3 标准 27 击击实试验结果

试验编号	1-1	1-2	1-3	1-4	1-5	1-6	1-7	1-8
含水量（%）	5.5	7.5	9.5	11.5	13.5	14.6	16.6	18.0
干密度（g/cm³）	1.63	1.73	1.67	1.71	1.73	1.75	1.70	1.63

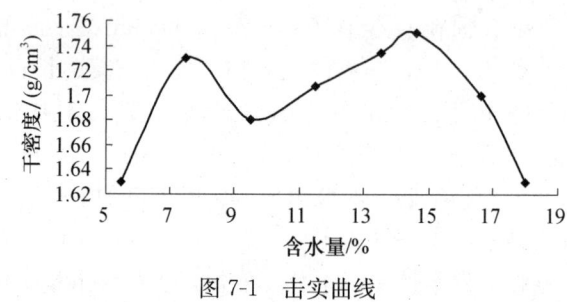

图 7-1 击实曲线

击实中发现，含水量较小时，粉土易从击实筒挤出，试件松散，当含水量在 17% 左右时，底部已有水溢出，出现"弹簧"现象，难以击实。

由图 7-1 可以看出，在每层 27 击标准击实下，击实曲线有两个驼峰，为不对称，第一个驼峰含水量变化范围较窄，第二个驼峰含水量变化范围较宽。第二个驼峰值较高，故施工中采用第二个峰值作为控制标准，即最大干密度 $\gamma_{dmax}=1.75\text{g/cm}^3$，而且在第二个驼峰前随着含水量的增加，干密度增加较慢，在驼峰后随着含水量增加，干密度下降较快。

7.1.2 稳定粉土

稳定粉土是采用物理化学方法及其相应的技术措施使粉土物理力学性能得到改善，以适应工程需要。稳定粉土的方法有多种，主要以无机结合料稳定为主，有石灰、水泥、粉煤灰或这些材料的混合物，经过几十年的发展，已形成比较成熟的无机结合料稳定粉土的方法。但从实际效果来看，对同一素土样，采用不同的结合料，稳定的效果明显不同。有时甚至不能满足要求，主要体现在早期强度低、收缩大、易开裂、稳定性（水稳性、冻稳性、热稳性）差等。针对鲁西南黄河冲积平原地区粉性土的特殊性，主要从力学方面研究粉土和稳定粉土的强度、水稳定性、抗收缩等性能，为粉土在公路建设中的应用提供依据。

1. 粉土静三轴强度和应力-应变特性

根据击实试验结果，粉土的最大干密度为 17.5kN/m^3，按对应压实度 96% 的干密度 16.8kN/m^3 制样，成型后饱和，三轴剪切（UU）试验如图 7-2 所示，在不同围压条件下粉土的应力-应变关系如图 7-3 所示。从试验结果可以看出,重塑样在围压 100kPa 的较低应力水平下有明显的峰值,呈脆性破坏,破坏后残余强度低,应力-应变曲线呈软化型;在围压 400kPa 的较高应力水平下,土样峰值不明显,以塑性破坏为主,应力-应变曲线接近硬化型;而在围压 200kPa 的条件下,土样破坏的表现介于二者之间。

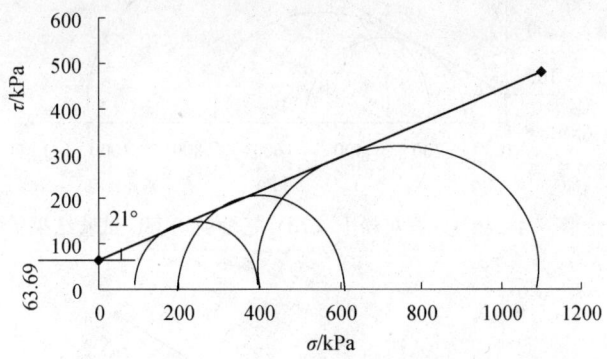

图 7-2　粉土三轴剪切试验结果

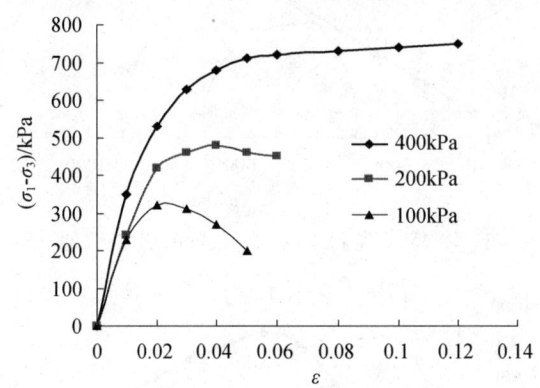

图 7-3　粉土 UU 试验的应力-应变曲线

粉土的 CU 试验结果与 UU 试验类似,在不同围压条件下土样都有破坏峰值,而且在较低围压应力水平下表现得更明显,应力-应变曲线主要为软化型,低围压时残余强度比峰值强度降低得更多,高围压时残余强度与峰值强度相比降低得不明显。与 UU 试验类似,剪切过程中孔压变化与剪切偏应力之间的关系也表现出先增后减、先正后负的剪胀特点。

2. 稳定粉土静三轴强度与应力-应变特性

为了与粉土的力学特性对比,采用掺入不同稳定剂的粉土进行 UU 和 CU 试验,研究不同稳定剂掺量和不同龄期条件下土体的强度和变形特性。试样采用击实制样,龄期为 7d、14d、28d 标准养护。

(1) 掺 4% 石灰稳定粉土静三轴剪切试验。试验结果如图 7-4 和图 7-5 所示,由图可知,掺 4% 石灰的粉土在标准养护 7d 后 UU 试验和 CU 试验的强度指标非常接近,$C_u=56.6\text{kPa}$,$\varphi_u=27°$;$c_{cu}=55.84\text{kPa}$,$\varphi_{cu}=27°$。图 7-6 和图 7-7 对此提供了证明,无论是 UU 试验还是 CU 试验,应力-应变曲线都表现为明显的峰值破坏,为典型的软化型曲线。

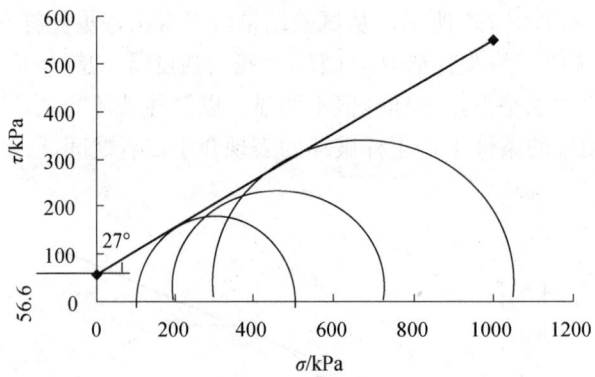

图 7-4　掺 4% 石灰粉土（7d）三轴剪切 UU 试验结果

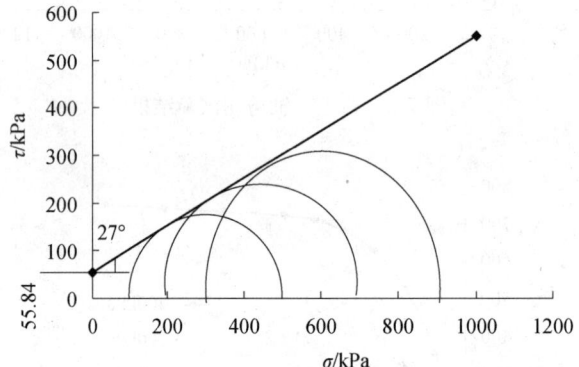

图 7-5　掺 4% 石灰粉土（7d）三轴剪切 CU 试验结果

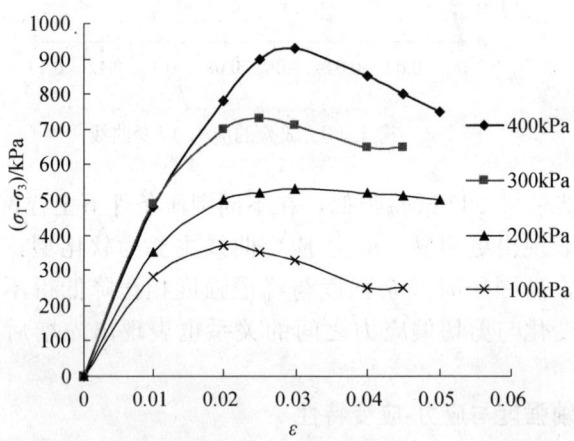

图 7-6　掺 4% 石灰粉土 UU 试验应力-应变曲线

（2）掺 2% 水泥+2% 石灰的粉土静三轴剪切试验。图 7-8 和图 7-9 分别是掺 2% 水泥+2% 石灰的 UU 和 CU 试验结果，试样干密度 17.2kN/m³，标准养护 7d，c_u=114.75kPa，φ_u=29°；c_{cu}=91.10kPa，φ_{cu}=29°。

由此可见，掺 2% 水泥+2% 石灰的粉土黏聚力有明显的提高，内摩擦角也有较大增长，比掺 4% 石灰的粉土改善很多，特别是黏聚力的提高有利于粉土压实成型。由图 7-10 和图 7-11 的应力-应变曲线，水泥+石灰的稳定粉土破坏时的偏应力峰值非常明显，残余强度

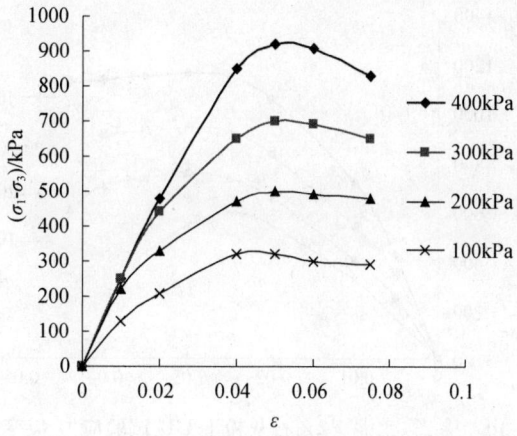

图 7-7　掺 4% 石灰粉土 CU 试验应力-应变曲线

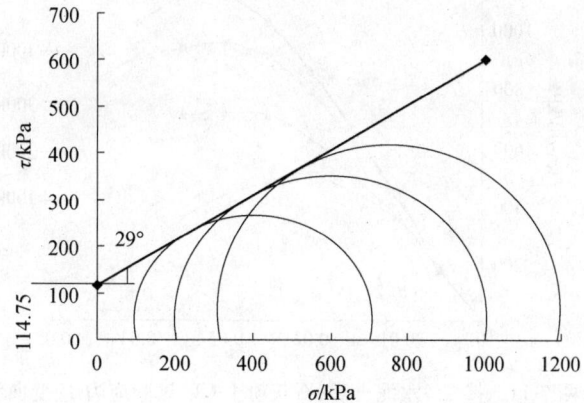

图 7-8　掺 2% 水泥＋2% 石灰粉土（7d）三轴剪切 UU 试验结果

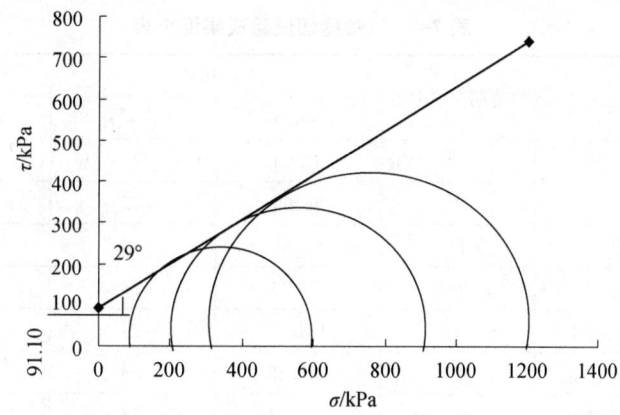

图 7-9　掺 2% 水泥＋2% 石灰粉土（7d）三轴剪切 CU 试验结果

急剧降低，倾向于脆性破坏，更能体现类似超固结土的软化型曲线。

经验也表明，用水泥固化稳定土体能有效增加土体内摩擦角和黏聚力，用一部分水泥代替石灰也能起比单纯掺石灰更好的固化稳定效果，在稳定粉土的直剪试验和无侧限强度试验中也有所反映。

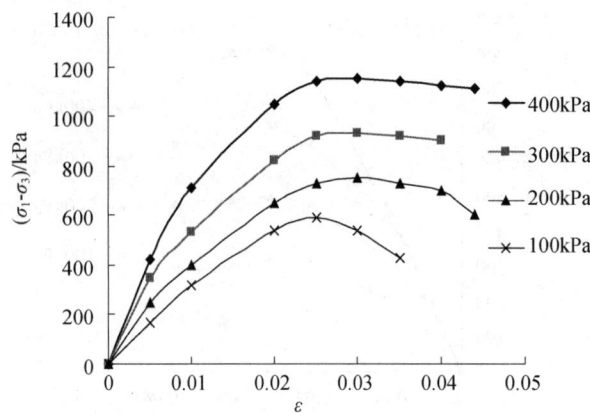

图 7-10　掺 2%水泥+2%石灰粉土 UU 试验应力-应变曲线

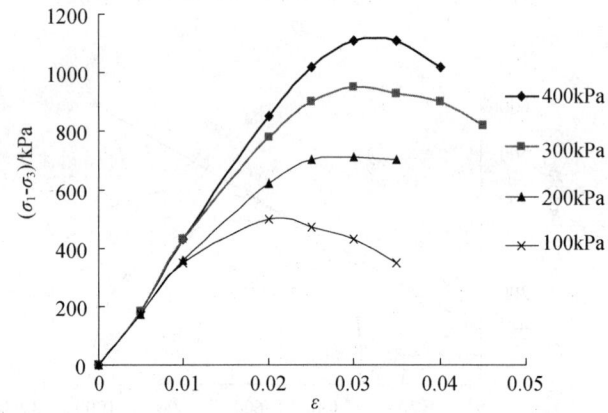

图 7-11　掺 2%水泥+2%石灰粉土 CU 试验应力-应变曲线

（3）不同稳定方法效果对比。不同稳定方法在不同龄期的强度见表 7-4。

表 7-4　三轴剪切试验成果汇总表

土样种类	龄期 T (d)	UU 试验		CU 试验	
		c (kPa)	φ (°)	c (kPa)	φ (°)
粉土		63.63	21	60.33	24
4%石灰稳定粉土	7	56.65	27	55.84	27
4%石灰稳定粉土	14	58.31	28	67.14	29
4%石灰稳定粉土	28	59.23	28	65.52	30
2%水泥+2%石灰稳定粉土	7	114.75	29	91.10	29
2%水泥+2%石灰稳定粉土	14	126.25	30	122.91	30
2%水泥+2%石灰稳定粉土	28	135.81	32	131.01	35

由表 7-4 可见，不同龄期 UU 试验强度值，掺 2%水泥+2%石灰稳定粉土 φ 值均高于掺 4%石灰稳定粉土，c 值也依次增加，其变化幅度远远大于 φ 值的变化幅度。CU 试验强度值也有相同的规律。

在稳定粉土的强度问题中，重点是解决粉土填筑路基时易分散、易开裂、难成型，其有效途径是增加粉土的黏聚力，因此掺 2%水泥+2%石灰是稳定粉土较为理想的方法。如果路用强度要求更高，可适当提高水泥与石灰掺量。

3. 粉土及稳定粉土 CBR 强度试验

由于粉土颗粒结构具有吸水量大的特征，受水浸蚀后含水量增大，土体 CBR 强度降低，容易造成路基沉陷变形、路面出现网裂和龟裂，失去承载力。

土样取自济菏高速十三合同段，掺灰率为 2%、4% 和 6%。

对粉土和掺灰后的粉土做重型击实试验，得出对应的最优含水量和最大干密度。按重型击实试验结果制备粉土和稳定粉土试样，试样按最优含水量和最大干密度的 90%、93% 两种不同压实度用静压法压制，在 20℃ 恒温、90% 恒湿度的条件下养护到 7d、14d、28d 龄期，进行 CBR 强度试验，结果见表 7-5。

表 7-5　粉土及稳定粉土 CBR 强度试验结果

土类	掺灰率 (%)	击实试验结果		试样含水量 ω (%)	试样干密度 ρ_d (g/cm³)	压实度 K (%)	CBR 强度 (%)		
		最优含水量 ω_{op} (%)	最大干密度 ρ_{dmax} (g/cm³)				7d	14d	28d
粉土	0	15.5	1.66	15.5	1.49	90	2.28	2.38	2.39
					1.54	93	2.77	2.78	2.78
水泥稳定粉土	2	15.2	1.68	15.2	1.51	90	23.97	32.79	32.68
					1.56	93	37.15	43.23	49.08
	4	14.5	1.69	14.5	1.52	90	42.88	61.99	80.03
					1.57	93	61.89	73.67	109.01
石灰稳定粉土	2	15.5	1.67	15.5	1.50	90	22.12		19.11
					1.55	93	28.65		27.66
	4	15.2	1.67	15.2	1.50	90	23.31		
					1.55	93	32.35		
	6	15.1	1.66	15.3	1.50	90	24.78		
					1.54	93	33.86		

试验结果表明，稳定粉土的无侧限抗压强度随着龄期的增长逐渐增强，呈非线性增长，开始增长较快，14d 后强度增长幅度较小。

从表 7-5 可知，十三合同段素土 90、93 区的 CBR 值均小于 3%，不能满足规范要求。以 7d 龄期 CBR 强度为参考，掺 2% 水泥、石灰后，土的强度得到了很大提高，CBR 值均大于 20%，满足设计规范要求。掺 4% 水泥后，CBR 值为掺 2% 水泥 CBR 强度的 2 倍；掺 4% 石灰后，CBR 强度值为掺 2% 石灰的 1.1~1.2 倍。可见掺 2% 石灰、水泥均能满足 CBR 强度要求，在相同配比的情况下，水泥比石灰能更好的改良粉土的强度。

根据工程经验，在粉土路基填筑施工时，对于 CBR 值较低、不能满足要求的低强度粉土填筑路段，可采取以下相应措施：

① 对不符合规范要求的路段，进行掺灰处理。

② 对个别路段采取换填处理，使填筑材料符合规范要求。

③ 对于地下水位较高的路段，应设置纵、斜向盲沟，以改善路基的排水条件，减小雨水的侵害。

④ 采取换填砂砾等技术措施，形成隔离层，防止毛细水上升对路基造成危害。

对低强度粉性土路基，可通过掺入适量稳定剂的方法进行改良处理。当以熟石灰或水泥剂量计算的掺灰率达到2%时，CBR值已能满足《公路路基设计规范》对强度的要求，同时无侧限抗压强度有明显的提高，压缩变形也有很明显的改善。

7.1.3 粉土动力强度特性

粉土是黄河冲积平原地区公路路基的主要填筑土料，有必要对粉土、粉砂土在动力作用下孔压变化特性进一步分析。

1. 饱和粉土孔隙水压力试验

（1）饱和粉土不排水振动三轴试验。采用静动多功能三轴试验仪，该仪器由计算机控制系统、伺服控制系统、量测系统、压力及加载系统、三轴室及附属系统组成。通过计算机数字控制系统和模拟伺服控制系统控制试验进程，进行计算机自动数据采集。

试验粉土取自菏济高速公路十四合同段，由于在运输过程中土样扰动较大，天然状态下的物性指标不好控制。因此，试验所用的粉土采用重塑粉土，土样的基本性质见表7-6。

表7-6 重塑粉土基本物理性质指标

土粒比重 G_s	塑限 ω_P（%）	液限 ω_L（%）	塑性指数 I_P	粒径含量（%）		
				砂粒含量	粉粒含量	黏粒含量
2.68	22.5	31.4	8.9	11.2	79.85	8.95

试验试样为$\phi 61.8\text{mm}\times 140\text{mm}$实心样，在垂直方向施加动载荷，记录振动过程的力、位移、孔隙水压力。

粉土制样，干重度$\gamma_d=17.1\text{kN/m}^3$，含水量$\omega=14.5\%$，分5层击实。

试样制好后，立即放到饱和器内抽真空饱和，饱和时间大于24h，保证试样饱和度大于95%，对达不到要求的土样加一定的反压进行饱和。饱和试样在等压下进行固结，然后施加正弦等幅循环动荷载，为了尽可能消除孔压的滞后反应，循环荷载的频率取0.05Hz。

在对饱和粉土、砂土的液化及孔压增长规律研究时，一般将孔压达到有效围压或双幅轴向应变达到5%作为破坏标准，本次试验部分孔压达不到围压，因此试验时双幅轴向动应变达到5%时，再振几周，待到液化后继续加载。

（2）试验结果分析。根据试验数据，得到粉土等压固结时振动孔压拟合表达式为

$$\frac{u}{\sigma_3}=a(1-e^{-b\frac{N}{N_n}}) \tag{7-1}$$

式中　u——振动N次的振动孔压；

　　　σ_3——试样的初始有效围压；

　　　N_n——试验停止时的振动次数；

　　　a,b——曲线拟合参数，由于最终孔压最大值等于围压，同此a应满足条件$a\leqslant 1$。试验得到$a=0.969$，$b=5.77$，相关系数$R^2=0.966$。

2. 饱和粉土振动液化试验

粉土的渗透性比较弱，孔隙中的水不能及时排除，致使孔隙水压力不断增大，粉粒间的剪阻力相应地减小，当孔隙水压力增长直至粉粒间的剪阻力成为零时达到液化状态，此过程中所含的黏粒主要起润滑作用，使粉土抗液化强度减小。

饱和粉土液化受多种因素的影响，主要包括其埋藏条件、土中黏粒含量、土的密实程度

以及土的结构性等。

经对济菏高速公路十三合同段粉土进行扫描试验得知，随着黏粒含量的增加，土的结构、构造及孔隙都会发生变化，黏粒含量为3%时为粒状堆积结构；黏粒含量达到6%时为支架结构；黏粒含量达到8%时大量黏粒附着在粉粒接触面处，随着黏粒含量的增加粉粒间连接得到加强；当黏粒含量达到12%时粉土为片架结构。通过对不同黏粒含量粉土室内动三轴试验表明，黏粒含量为8%~9%时粉土的抗液化强度最低。当粉土中黏粒含量小于9%时黏粒在粉土中主要起润滑作用，粉粒发生滑移所需的动剪应力比随黏粒含量的增加而减小；当黏粒含量大于9%时粉粒被大量的黏粒层包围，黏粒胶结粉粒并固结，随黏粒含量的增加，主要起稳定、镶嵌作用，粉粒发生滑移所需的动剪应力比随黏粒含量的增加而增加。

表7-7为不同地震烈度下粉土抗液化的剪应力比 $\sigma/2\sigma_0$。

表7-7　不同地震烈度下粉土抗液化剪应力比 $\sigma/2\sigma_0$

土类	地震烈度	6.5	7	8	9
	等效振动次数（次）	8	12	20	30
重塑粉土（$\gamma_d=16.0\text{kN/m}^3$）	抗剪应力比 $\sigma/2\sigma_0$	0.436	0.410	0.377	0.346
重塑粉土（$\gamma_d=15.3\text{kN/m}^3$）		0.375	0.337	0.276	0.251
原状粉土（$\gamma_d=14.5\text{kN/m}^3$）		0.373	0.349	0.318	0.301

动三轴试验结果表明，随干密度的增大其抗液化能力相应增强。

7.1.4　低液限粉土路堤填筑技术

通过对低液限粉土的试验研究与路堤填筑施工实践，提出以下施工方案，供工程人员参考。

1. 土场加工土料填压施工

（1）取土场土料的加工。在取土场加工土料，目的是使土料含水量均匀且在最优含水量±2%范围内。

具体做法是在取土场挖坑加水，坑点呈梅花形布置，坑间距与排距均为3m，水坑大小以机械挖掘方便而定，一般取长8m、宽3m、坑深 $h=0.28H$（H 为设计取土深度，m）。

每坑加水量：
$$W=H\gamma_d(\omega_{op}-\omega)\times\frac{A}{n} \tag{7-2}$$

式中　W——每坑加水量，kg；
　　　γ_d——土场平均天然密度，kg/m³；
　　　ω_{op}——土料最优含水量，%；
　　　ω——土场天然平均含水量，%；
　　　A——取土场平面面积，m²；
　　　N——取土场渗坑个数。

根据现场含水量试验，坑内水下渗扩散需要7d，7d后采用推土机推出，成堆需闷料8h可装车上路。

（2）路基填筑及压实方法。用低液限粉土填筑路基时，分层填筑碾压，各层之间填筑碾压间隔时间不宜过长，以免含水量变化过大。碾压方式采用动、静压结合。

（3）压实机械组合及压实遍数。经对施工现场配置的不同型号压路机组合试压，结果为采用自重不小于12t、激振力大于350kN的振动压路机，先快速静压一遍，然后慢速振压4~6遍，以消除土中气体屏障，达到密实状态，当压实度达到88%以上时，再静压两遍可达90%以上的压实度。自重不小于12t、激振力大于245kN的凸块式压路机，先快速静压一遍，再慢速振压5~7遍，当压实度达到88%以上时，用大于12t光轮压路机静压2遍，即可达90%的压实度。采用自重不小于15t、激振力大于350kN的凸块式振动压路机，先快速静压一遍，慢速振压4~5遍，配以静压，最大压实度为93%。

(4) 为了避免大型施工机械、车辆在验收合格的层面产生扰动破坏，规定其行驶路线及转弯位置，每100m段中20m范围内为汽车转弯及减速段，当铺土到转弯及减速段时，及时平整并用YZ12/15钢轮压路机重复压实后再上土。

2. 路洒路拌土料填压施工

在土场加工土料有困难或单价太高时，可采用路洒路拌土料的方法控制土料含水的施工方法。工艺如下：

(1) 闷料法：白天挖、运、卸土到路上，傍晚摊开洒水，让其渗透一夜，第二天一清早用平地机刮平，接着就碾压，碾压遍数比不闷土施工减少了一倍，并能一次检测合格。

(2) 拌和法：虚方土推平后，前面洒水，后面跟着铧犁翻搅，让水下渗，来回洒水，来回犁翻，也就是路拌，水在土中可达到基本均匀。如此填压效果很好。

(3) 层铺法，"三水两土法"或称"层铺法"：未上土前洒水→上土→摊铺→洒水→上土→摊铺→洒水→刮平→碾压。此法也取得了良好效果，其具体做法是：

第一次洒水，用计划量1/4的水，其目的是湿润下层蒸发脱水浮层土，利于上下联结。

第一次上土，摊铺厚度约为全层的2/3，厚约18~20cm，主要是吸水蓄水。

第二次洒水，用计划量的2/4，供第一次土的吸渗。

第二次上土，洒二次水后，立即上土并摊开，以覆盖第二次洒过水的湿土，防止蒸发，摊铺厚度约为全层厚的1/3（约为10~12cm）。

第三次洒水，用计划量的1/4，浸润表层，补充下面翻上不多的水。

碾压：第1遍用静压（初压），第2~3遍用振压（复压），第4~5遍熄振碾压（终压）。当然，压实遍数视压路机大小不同，这里的数据是"宝马"振动压路机参考数。

(4) 三种施工方法的比较

① 闷料法，白天只能拉运土，其他机械只能晚上、清晨用，间歇作业，机械利用率低。夜间虽蒸发量小，但时间长，用水量大。

② 拌和法，用水量适中，人为帮助水渗入均匀，减少"天"盗失水。连续作业，有效工作时间长，机械利用率高。

③ 层铺法，一是工序多，尤其是两次上土两次摊铺；二是各道工序紧凑衔接，施工面小，汽车、机械进倒，组织不好有干扰，一环扣一环太紧张。

7.1.5 粉土路堤压实质量控制指标

1. 路堤压实指标

(1) 压实度指标。我国现行路基压实采用压实度指标，即以实测压实土的干密度γ_d和标准击实试验（重型）得到的最大干密度γ_{dmax}之比，作为路基压实标准，对不同深度路基要求达到不同压实标准。

7 鲁西南黄河冲积平原典型土类工程特性与路堤施工技术

$$\gamma_d = \frac{\gamma_w}{1+0.01\omega}, K = \frac{\gamma_d}{\gamma_{dmax}} \tag{7-3}$$

(2) 孔隙率指标。孔隙率是压实土体中空气体积占总体积的百分率。按土的三相体理论，可用式（7-4）表征土体中固相 V_s、液相 V_w 和气相 V_a 间的相互关系。

$$V_s + V_w + V_a = 1$$

$$\frac{\rho_d}{G_s} \times 100 + \rho_d \times \omega + V_a = 100 \tag{7-4}$$

表 7-8 列出了日本土质路基的控制方法：根据土的级配（75μm 筛通过量）划分控制标准，对 75μm 筛通过量在 20% 以上的土用孔隙率 V_a 控制，对 75μm 筛通过量不足 20% 的土用密度比 D_c 控制。

表 7-8　日本土质路基压实标准和控制方法

方位		类别	试验项目		标准值	
					压实度	施工含水量
路床	路床上层	用孔隙率 V_a 控制的土质	标准试验 现场试验	细粒土的比重试验 土的密度和含水量试验	75μm≥50% 时 V_a≤8%；50%＞75μm≥20% 时 V_a≤13%	满足规定沉降量的含水量
		用密度比 D_c 控制的土质	标准试验 现场试验	土的击实标准试验 土的密度和含水量试验	75μm＜20% 时 D_c≥97%	
	路床下层	用孔隙率 V_a 控制的土质	标准试验 现场试验	细粒土的比重试验 土的密度和含水量试验	75μm≥50% 时 V_a≤8%；50%＞75μm≥20% 时 V_a≤13%	
		用密度比 D_c 控制的土质	标准试验 现场试验	土的击实标准试验 土的密度和含水量验	75μm＜20% 时 D_c≥92%	
路堤	路堤上层	用孔隙率 V_a 控制的土质	标准试验 现场试验	细粒土的比重试验 土的密度和含水量试验	75μm≥50% 时 V_a≤8%；50%＞75μm≥20% 时 V_a≤13%	能确保天然含水量或施工机械可通行的含水量
		用密度比 D_c 控制的土质	标准试验 现场试验	土的击实标准试验 土的密度和含水量试验	75μm＜20% 时 D_c≥92%	
	路堤下层	用孔隙率 V_a 控制的土质	标准试验 现场试验	细粒土的标准试验 土的密度和含水量试验	75μm≥50% 时 V_a≤8%；50%＞75μm≥20% 时 V_a≤13%	
		用密度比 D_c 控制的土质	标准试验 现场试验	土的击实标准试验 土的密度和含水量试验	75μm＜20% 时 D_c≥92%	

表中的密度比法与我国的压实度试验方法相同，不同的是增加了孔隙率的控制，孔隙率计算公式可由土的三相体组成推出。

$$V_a = \left[100 - \rho_d \left(\frac{100}{G_s} + \omega\right)\right]$$

式中　V_a——孔隙率，%；
　　　ω——含水量，%；
　　　ρ_d——土的干密度，g/cm³；

G_s——土的颗粒密度。

取代表性土样在室内做土粒相对密度试验，在施工现场用核子仪检测路基的干密度和含水量，计算出压实后土体的孔隙率。

2. 粉质土路基质量压实度和孔隙率指标控制建议

选取合适的指标作为粉质土路基施工的控制指标，应该考虑实际施工中相关因素的影响，特别是含水量的影响。在实际工程中，含水量是控制现场压实度施工的主要因素。当填土含水量过低时，由于颗粒间的阻力较大使路基难以压实；当填土含水量较高时，在压实过程中会使孔隙水压力增加，导致路基翻浆。参照试验研究成果及国外的施工建设经验，并结合粉质土路基压实现场情况，提出粉质土压实度和孔隙率指标，见表7-9。

表7-9 高速公路路基压实指标

路基土质类型	孔隙率（%）	压实度（%）	土中<0.074mm颗粒含量
含砂低液限粉土	$V_a \leqslant 15$	$K \geqslant 95$（0～80cm路床）	20%～50%
低液限粉土	$V_a \leqslant 10$	$K \geqslant 93$（>80cm路堤）	≥50%

3. 施工过程中路基压实度和孔隙率的检测

施工现场采用环刀法检测路基压实后的密度，含水量的检测用酒精法，供计算路基压实度和孔隙率时选用。

7.2 高液限黏土

济菏高速公路十四合同段施工中遇到了高液限黏土填筑路基，十四合同段高液限黏土在鲁西南黄河冲积平原地区具有一定的代表性，其液限达到51%～66%，塑限32.8%左右，塑性指数为32.0。《公路路基施工技术规范》(JTG F10—2006)规定，液限大于50%、塑性指数大于26、含水量不适宜直接压实的细粒土，不得直接作为路堤填料；需要使用时，必须采取技术措施进行处理，经检验满足设计要求后方可使用。若采用生石灰或其他固化材料进行改良，除施工工艺不易控制外，还将延长工期和增加工程费用。若将其换填其他非高液限土，将增加工程费用。因此，无论是改良还是换填都是不现实的。我国已有将高液限黏土用于高速公路路基填筑的实例，如泉厦高速公路、广东普惠、电湛高速公路等均已建成通车。

因此有必要对济菏高速公路十四合同段高液限黏土施工处理技术进行研究，确定高液限黏土能否用于高速公路路基填筑及填筑的范围；摸索总结最佳的施工工艺和可行的质量控制标准，使现有的高液限黏土填筑路基达到最佳的稳定状态。

7.2.1 高液限黏土的工程特性

高速公路对路基的要求是有较高的强度与稳定性，路基的密度是为了保证其强度。高液限黏土由于其干时强度很高，遇水后强度迅速降低，水稳性较差。在最优含水量下压实合格的路基往往在一场雨之后再检测时便不合格。室内试验是在以往研究成果的基础上明确土的含水量、击实功、压实度、饱和度、强度之间的相互关系，为实体工程试验与工程施工提供必要的依据。

1. 室内试验与分析

(1) 高液限黏土的基本物理力学指标。土样取于济菏高速公路十四合同段高液限黏土，其物理力学指标见表 7-10。

表 7-10　高液限黏土的基本物理力学性质

天然含水量 ω（%）	土粒重度 γ_s（g/cm³）	液限 ω_L（%）	塑限 ω_P（%）	塑性指数 I_P	颗粒分析（%）		最优含水量（%）	最大干密度（g/cm³）
					>0.074mm	<0.074mm		
35~45	2.68	65.4	32.8	32.9	1.5	98.5	23.4	1.553

(2) 高液限黏土工程特性分析

① 击实功、含水量与干密度的关系。不同击实功土样含水量与干密度之间的关系见表 7-11。

表 7-11　不同击实功土样的含水量与干密度的关系

含水量（%）	14.0	21.0	23.0	25.2	27.5	32.5	36.0
击实功为 3×21 的干密度（g/cm³）	1.32	1.28	1.31	1.32	1.27	1.48	1.35
击实功为 5×39 的干密度（g/cm³）	1.45	1.47	1.52	1.53	1.45	1.41	1.32
击实功为 5×59 的干密度（g/cm³）	1.52	1.49	1.55	1.54	1.44	1.41	1.32

由表 7-11 可以看出，当土的含水量低于 30% 左右时，增加击实功，采用大吨位的压路机，增加碾压遍数，能达到相对较高的压实度。当含水量大于 32% 时，过分地强调压路机的吨位或碾压遍数并没有明显的效果，若想提高路基土的压实度，其含水量必须合适。

② 土的击实功、含水量与强度的关系。不同击实功土样的含水量与强度之间的关系见表 7-12。

表 7-12　不同击实功土样的含水量与强度的关系

含水量（%）	14.0	20.0	20.5	23.0	25.5	27.5	30.5	32.5	35.5
击实功为 3×21，CBR 值（%）	2.10	2.11	1.91	2.02	1.98	1.99	2.45	6.40	5.35
击实功为 5×39，CBR 值（%）	3.05	3.83	2.79	3.65	6.45	8.10	8.55	7.10	4.02
击实功为 5×59，CBR 值（%）	3.81	3.82	3.20	3.95	8.05	10.20	11.65	6.20	3.89

由表 7-12 可以看出，当土的含水量 <25% 时，无论其击实功如何，其 CBR 值均处于一个较低的水平，为 2~4。当含水量位于 25%~32% 之间时，在中型（5×39）和重型（5×59）击实功下，其 CBR 值均超过 6，最高达到 11.65，但在轻型击实功下的 CBR 值没有太大的区别，因此，含水量 <30% 时，压实功对强度影响较大。当含水量 >32% 时，其 CBR 值开始降低，随着击实功的增加，CBR 值降低，逐渐表现出超压或软弹的现象。但总体 CBR 值比低含水量（<25%）时高，其介于 3~6 之间，满足规范对路堤路用材料的要求。因此，在含水量较高的情况下碾压时，应注意碾压机械的遍数与吨位。

由此可见，当含水量小于 25% 时，其泡水前干密度、强度值很高，泡水后的 CBR 值小于 3，在此含水量范围内进行路基填筑虽有利于暂时提高路基压实度，但极不利于路基的长期稳定，见表 7-12；当含水量 >32% 时，其干密度较低，饱和度高，水稳性极好，CBR 值介于 3~6 之间，其强度不高，同样不利于路基的稳定和承载力的提高；当含水量范围为 25%~32% 之间时，采用重型或冲击压路机碾压，压实度能够达到较高的水平，CBR 值最高，水稳性较好，饱和度较高。

因此，对济菏高速公路高液限黏土填筑路基的理想含水量范围在25%～32%之间。

表 7-12 土样在不同击实功、不同含水量下的密实度、稠度、强度、饱和度及水稳定性

含水量 ω（%）	重型层数×击数	稠度 饱水前	稠度 饱水后	湿密度（g/cm³）饱水前	湿密度（g/cm³）饱水后	干密度（g/cm³）饱水前	干密度（g/cm³）饱水后	承载比CBR（%）饱水前	承载比CBR（%）饱水后	饱和度 S_r 饱水前	饱和度 S_r 饱水后	线膨胀率（%）
13.9	3×21	1.45	0.81	1.488	1.710	1.307	1.214	32.7	2.0	0.334	0.906	7.7
	5×39	1.45	0.95	1.656	1.802	1.454	1.337	85.0	2.9	0.412	0.928	8.7
	5×59	1.45	0.94	1.734	1.860	1.522	1.377	105.1	3.2	0.490	0.994	9.6
19.8	3×21	1.31	0.75	1.587	1.730	1.365	1.210	34.7	2.0	0.519	0.952	9.5
	5×39	1.31	0.93	1.797	1.841	1.500	1.358	82.5	3.5	0.675	0.980	10.4
	5×59	1.31	0.95	1.814	1.831	1.515	1.359	103.5	3.1	0.690	0.958	11.1
20.6	3×21	1.29	0.74	1.555	1.691	1.289	1.180		1.8	0.512	0.928	9.2
	5×39	1.29	0.90	1.793	1.827	1.487	1.334		2.4	0.688	0.981	11.4
	5×59	1.29	0.96	1.893	1.875	1.569	1.396		2.6	0.780	0.998	12.4
23.0	3×21	1.23	0.79	1.602	1.700	1.303	1.201		1.9	0.583	0.910	8.5
	5×39	1.23	0.98	1.866	1.843	1.517	1.378		3.3	0.804	0.956	10.1
	5×59	1.23	1.014	1.939	1.903	1.578	1.439		3.6	0.881	1.002	9.5
25.0	3×21	1.17	0.80	1.638	1.740	1.305	1.232	26.5	1.8	0.649	0.935	5.9
	5×39	1.17	1.03	1.917	1.910	1.527	1.449	53.1	6.5	0.916	0.997	5.4
	5×59	1.17	1.08	1.961	1.940	1.563	1.497	19.3	7.9	0.956	0.998	4.4
27.5	3×21	1.13	0.83	1.644	1.697	1.290	1.215		1.9	0.685	0.883	6.6
	5×39	1.13	1.06	1.880	1.875	1.483	1.439		7.9	0.925	0.911	3.9
	5×59	1.13	1.08	1.945	1.930	1.531	1.489		10.4	0.975	0.996	2.8
30.2	3×21	1.06	0.81	1.670	1.710	1.279	1.212	18.3	2.4	0.743	0.915	5.5
	5×39	1.06	0.99	1.888	1.890	1.450	1.417	14.2	9.5	0.958	1.000	2.3
	5×59	1.06	0.92	1.874	1.880	1.438	1.425	11.6	12.0	0.951	0.974	0.9
32.3	3×21	1.01	0.97	1.840	1.861	1.392	1.390		6.5	0.950	0.978	0.1
	5×39	1.01	0.99	1.874	1.883	1.415	1.413		8.0	0.981	0.995	0.1
	5×59	1.01	0.98	1.843	1.893	1.421	1.418		6.5	0.979	1.0087	0.2
35.6	3×21	0.93	0.90	1.872	1.834	1.345	1.339	8.5	6.1	0.976	0.9999	0.4
	5×39	0.93	0.91	1.820	1.828	1.341	1.339	5.1	4.2	0.970	0.988	0.1
	5×59	0.93	0.91	1.786	1.805	1.323	1.321	4.0	4.1	0.944	0.962	0.1
36.0	3×21	0.92	0.89	1.810	1.803	1.327	1.314		6.1	0.961	0.971	0.9
	5×39	0.92	0.89	1.811	1.825	1.330	1.330		3.9	0.967	0.996	0.0

2. 现场实体工程试验结果分析

济菏高速公路十四合同段试验路段松铺厚度约20cm，是在室内试验结果分析总结的基础上，根据现场的施工条件，通过调整含水量、压路机吨位、碾压遍数、松铺厚度等指标寻求最佳施工工艺与可行的质量控制标准。

试验路段结果表明，高液限黏土的含水量与压实度之间有密切的关系。随着含水量的增加，压实度相应降低，饱和度相应增加。从 18t 和 12t 压路机对压实度的影响效果来看，两者之间没有太明显的区别，18t 压路机碾压 6～8 遍后的压实度比 12t 增加约 1%。碾压 6～8 遍后，饱和度绝大部分位于 82%～94%之间；其中 18t 压路机的饱和度比 12t 的高 2%～3%。碾压 8 遍以上，重型标准压实度普遍介于 88%～90%之间，达不到规范要求，轻型标准压实度绝大部分超过 95%。《公路路基施工技术规范》(JTG F10—2006) 规定，高速公路路堤填料最小强度要求从上路床至下路堤的 CBR 值分别为 8、5、4、3。高液限黏土填筑路基碾压 8 遍后其 CBR 值均大于 3，满足下路堤填料要求，因此，高液限黏土可以用于高速公路下路堤的填筑。从外观来看，碾压 8 遍之后，路基表面光滑平整，并无出现"弹簧"现象。

　　高液限黏土的理想压实含水量范围为 25%～32%之间，松铺厚度宜为 20cm 左右。碾压时应采用最大激振力 25t（静重 12t）以上的振动压路机或羊足碾。当含水量<30%时，建议采用最大激振力 40t（静重 18t）以上的振动压路机或冲击压路机，碾压遍数一般为 8～10 遍，当土的稠度偏高（≥1.2）、含水量偏低时可适当增加碾压遍数，应视具体情况在路基表面出现软弹、剪切破坏之前中止碾压。连续施工，压完一层经检验合格后立即进行下一层的摊铺，以防土层晒干开裂。对含水量大、地下水位高的路基边坡应采取必要的防护措施。

　　目测检验，碾压成型的路基表面应平整，不得有超压或软弹等现象，否则应翻松予以重压。质量检测以压实度与饱和度双指标进行控制。

8 利用前期勘测资料计算地基最终沉降量

高速公路软土地基沉降,是施工阶段路基稳定性控制的重要指标。沉降数据的获得有两种途径,一是根据地质勘探资料和土工试验报告,通过理论计算;二是直接由现场观测或通过现场观测数据经理论计算获得。地基沉降量包括瞬时沉降量、最终沉降量、沉降过程中的累积沉降量等。

地基在荷载作用下,将不断地产生压缩变形,直至整个地基压缩稳定后地表面沉降停止,此时地表总沉降称为地基最终沉降量。地基最终沉降量的计算方法较多,工程上常用分层总和法和规范法。分层总和法和规范法在计算地基沉降量时,要用到地基压缩层各分层的E_{si}、e_{0i}、e_{1i}、e_{2i}、C_{ci}等压缩性指标,指标取值的准确性直接影响计算结果的准确度。在前期勘探阶段,压缩指标一般是经钻孔取样,运到室内试验室,通过做压缩试验所取得的。由于粉性土易失水,原状样较难运输、保管,因此所得压缩指标易失真;淤泥土以及中、粗、细砂无法从现场取原状样到室内做试验,因此计算得到的沉降量与地基现场观测得到的沉降量误差较大。为了解决这个问题,提出了用现场钻探标准贯入击数来计算地基沉降量。理由如下:

(1) 现场各土层的标准贯入击数基本上真实地反映了标贯点土层的强度和应力-应变特性,试验技术成熟,结果准确,人为影响因素少。

(2) 标贯击数的大小是标贯点土体饱和度、含水量、相对地下水位的位置、土的各项物理力学指标的综合反映。欠缺是无法反映土的应力历史、土的剪胀性等。

(3) 淤泥及中、粗、细砂层有标贯击数试验资料,但因无法取样,所以没有压缩指标,无法按分层总和法及规范公式法计算沉降量。

用现场钻探标准贯入击数计算地基沉降量,有两种计算方法:①标贯击数分层总和法计算地基最终沉降量;②弹性标贯击数加权平均法计算地基最终沉降量。

8.1 标贯击数分层总和法计算地基最终沉降量

下面结合分层总和法计算公式推导标贯击数分层总和法计算最终沉降量公式。

分层总和法计算公式为:

$$S = \sum_{i=1}^{n} \frac{\overline{\sigma_{zi}}}{E_{si}} h_i \tag{8-1}$$

令 $E_{si} = f(N_i)$,代入式(8-1),

则

$$S = \eta_s \sum_{i=1}^{n} \frac{\overline{\sigma_{zi}}}{f(N_i)} h_i \tag{8-2}$$

式中 η_s——沉降计算地区经验系数,根据地区沉降观测资料及经验确定,表 8-1 为鲁西南黄河冲积平原地区标贯击数分层总和法计算地基最终沉降经验系数 η_s 的取值表;

N_i——计算点土层标贯击数 $N_{63.5}$。

8 利用前期勘测资料计算地基最终沉降量

表 8-1　鲁西南黄河冲积平原地区标贯击数分层总和法计算地基最终沉降经验系数 η_s

地基面附加压力 p_0 (kPa) \ 地基压缩层压缩模量 $\overline{E}_s$ (MPa)	2.5	4.0	7.0	15.0	20.0
$p_0 = f_k$	1.30	1.25	1.05	0.46	0.20
$p_0 < 0.75 f_k$	1.05	1.05	0.85	0.40	0.20

$E_{si} = f(N_i)$ 的确定：

根据济聊、济菏和日东高速公路地质勘察资料，分析各类土压缩模量与标准贯入击数的相关关系，成果列于表 8-2。

表 8-2　鲁西南黄河冲积平原地基各类土压缩模量与标准贯入击数的相关关系

土类	$\xi = E_s / N_{63.5}$	样本数 n	相关系数 R
淤泥质土	0.67	150	0.915
黏土	0.63	138	0.897
粉质黏土	0.70	320	0.860
中、细砂	0.72	120	0.912
砂质粉土	1.40	200	0.950
粗砂	1.20	95	0.875

故 $$E_{si} = \xi N_{63.5} (\text{MPa})$$

得到利用标准贯入击数分层总和法计算沉降量的公式为

$$S = \eta_s \sum_{i=1}^{n} \frac{\overline{\sigma}_{z_i}}{\xi N_{63.5}} h_i \tag{8-3}$$

式中　$\overline{\sigma}_{z_i}$ ——地基第 i 层中点深度为 z_i 处的附加应力，$\overline{\sigma}_{z_i} = \dfrac{p_0}{\dfrac{2z}{B + mH}\tan\theta + 1}$，也可由弹性理论解得；

p_0 ——路堤荷载，$p_0 = H \cdot \overline{\gamma}$；

H ——路堤中线高度、路面结构层当量路堤高度、汽车荷载当量路堤高度；

$\overline{\gamma}$ ——路堤竖向平均重度；

B ——路堤顶宽度；

m ——路堤坡比；

θ ——地基应力扩散角，对于鲁西南黄河冲积平原土层，可取 $\theta = 35°$。

利用标准贯入击数分层总和法计算沉降量，适用于地基压缩层较厚，且分层较明显，各层物理力学指标值相差较大的地层。

8.2 弹性标贯击数加权平均法计算地基最终沉降量

通过现场原位荷载试验可得到各级荷载与相应的稳定沉降量所绘制的 p-S 曲线，如图 8-1 所示。

图 8-1 中的曲线可分为三个阶段：

(1) 压密阶段：即 p-S 曲线上的 oa 段，接近于直线，沉降 S 主要由于土的压密变形引起的，a 点对应的荷载称为比例界限 p_{cr}。

（2）剪切阶段：即 p-S 曲线上的 ab 段，曲线已不再保持线性关系，沉降增长率 $\Delta S/\Delta p$ 随荷载的增大而增加，地基中局部范围的剪应力达到土的抗剪强度，土体发生破坏，这些区域也称为塑性区。随着荷载的继续增加，土中塑性区的范围也逐渐扩大，直到土中形成连续的滑动面，由荷载板两侧挤出而破坏。因此，剪切阶段也是地基中塑性区的发生与发展阶段。相应于 p-S 曲线上 b 点的荷载称为极限荷载 p_u。

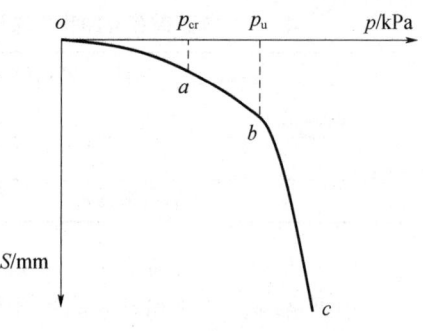

图 8-1　现场载荷试验 p-S 曲线

（3）破坏阶段：相当于 p-S 曲线上的 bc 段，当荷载超过 p_u 后，沉降急剧下降，即使不增加荷载，沉降也会增加，所以 p-S 曲线陡直下降，地基土失稳而破坏。

根据弹性力学，对于 p-S 呈直线关系的 oa 段，地基的沉降量为

$$S=\omega\frac{pb(1-\mu^2)}{E_s} \tag{8-4}$$

式中　E_s——在比例界限 p_{cr} 范围内地基压缩层土体平均变形模量，MPa；

　　　p——直线段的荷载强度，kPa，$p \leqslant p_{cr}$；

　　　S——相应于荷载 p 的荷载板的沉降量；

　　　b——荷载板的宽度或直径；

　　　μ——土的泊松比，砂土可取 0.2～0.25，粉土可取 0.25～0.3，黏土取 0.3～0.45；

　　　ω——沉降影响系数，根据基础的刚度及形状尺寸查有关表格取值。

根据基础工程理论，认为地基的容许承载力 $f_a \leqslant p_{cr}$。

因为道路为条形结构物，地基长度一般按千米计算，宽度仅有几十米，因此很少做现场载荷试验，而是采用钻探现场取样在室内做土的压缩指标，并做现场标准贯入试验。

根据济菏高速公路现场地基沉降观测资料可知，地基沉降量 S 与路堤填筑高度 H 为折线关系，如图 8-2 所示。图中线段 oa 为一条直线，线段 ab 为一条直线，线段 bc 为 ab 的延长线，H_a 为地基沉降量为 S_a 的路堤填土高度，$1m < H_a < 2.5m$，H_b 为路堤设计高度，H_{cr} 为地基允许承载力对应的相当路堤高度。

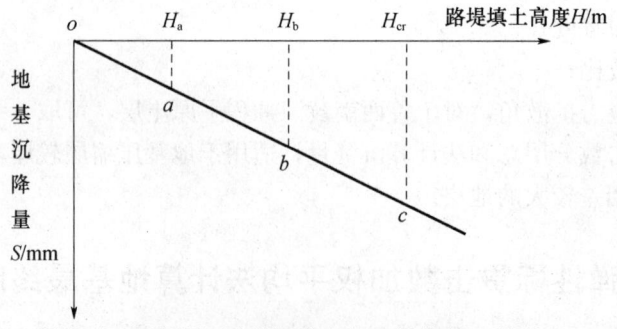

图 8-2　现场原型地基沉降 S 与路堤高度 H 的关系

对比现场载荷试验 p-S 曲线和工程现场实测 $p(H)$-S 曲线可看出：

① 在地基附加荷载小于 p_{cr} 以前，现场荷载 p-S 曲线为一条直线，而工程现场 $p(H)$-S 是两条折线组成的折线关系，出现这种情况的原因有：第一是碾压机械对地基压缩层土体的压

缩固结作用；第二是载荷试验加载方式与工程实际加载（路堤填高）方式不同，前者是在 p_i 施加后，地基沉降稳定后再施加 p_{i+1} 荷载，且加载速率 $\Delta p = p_{i+1} - p_i$ 均相等，而施工加载时间及加载量均由施工条件来确定，与载荷试验有很大差别；第三是前者荷载面积为矩形，后者为条形，且宽度相差 20~30 倍。

② 不管给地基施加现场试验荷载还是施工荷载，地基土体只要处于压密阶段，p-S 或 $p(H)$-S 关系都是直线关系。根据以上分析，我们也可以类比法，采用现场载荷试验 p-S 的分析计算模型，来建立施工荷载条件的 $p(H)$-S 在 $p(H) \leqslant [\sigma]$ 范围内的沉降计算模型。

$$S_H = \omega_1 \frac{p(H)b(1-\mu^2)}{\overline{E}_0} \quad p(H) \leqslant [\sigma] \tag{8-5}$$

式中 S_H——在路堤高为 H 时，地基的沉降量；

ω_1——施工荷载下地基沉降影响系数；

$p(H)$——路堤填高为 H 时地基附加荷载大小，$p(H) = H \cdot \overline{\gamma}$，$\overline{\gamma}$ 为路堤平均重度；H 为路堤中线高度、路面结构层当量路堤高度、汽车荷载当量路堤高度；

μ——地基压缩土层平均泊松比，无试验资料时，粉质土取 $\mu = 0.25$；

$\overline{E}_0$——地基压缩土体各分层变形模量加权平均值，MPa。

b——路堤梯形荷载转化为等效矩形荷载的宽度，$b = B + Hm$（B 为路堤高为 H 时的顶宽，m 为边坡坡率）。

因前期地质勘察成果不提供变形模量，由土力学理论知，地基变形模量 $\overline{E}_0$ 可用式（8-6）计算：

$$\overline{E}_0 = \left(1 - \frac{2u^2}{1-u}\right)\overline{E}_s \tag{8-6}$$

式中 $\overline{E}_s$——地基压缩土体各层压缩模量加权平均值。

但因压缩模量是经现场取土样运到室内再取试样后做侧限压缩试验而得的压缩指标，对砂性土、黏性土及饱和软黏土，所得结果与地基实际压缩性相差较大，而标准贯入击数能够较真实且综合反映土层的压缩性和强度特性。所以，可根据各土层的标准贯入击数按式（8-7）计算其压缩模量。

$$\overline{E}_s = \frac{\sum_{i=1}^{n} N_{63.5i} h_i A_i}{\sum h_i} \tag{8-7}$$

式中 n——地基压缩深度内土体分层数；

$N_{63.5i}$——第 i 层标贯击数（修正值）；

h_i——第 i 层厚度；

A_i——第 i 层土标贯击数与压缩模量的转换系数，由土类按表 8-3 确定。

表 8-3 转换系数 A 取值表

土类	淤泥质土	黏土	粉质黏土	中细砂	砂质粉土	粗砂
样本数 n	150	138	320	120	200	95
相关系数	0.915	0.897	0.860	0.912	0.950	0.875
A	0.60	0.63	0.70	0.72	1.40	1.20

最后得到

$$S_H = \omega_1 \frac{\gamma H b (1-\mu^2)}{\left(1 - \frac{2\mu^2}{1-\mu}\right) \frac{\sum_{i=1}^{n} N_{63.5i} h_i A_i}{\sum_{i=1}^{n} h_i}} \quad (8\text{-}8)$$

因鲁西南地区地基绝大多数为粉质土，所以可取 $\mu = 0.25$。

ω_1 的确定：

由于施工加载的复杂性和成层土地基土层工程性质的特殊性，因此必须根据现场沉降观测数据来确定 ω_1，绘制 $\omega_1\text{-}\overline{E}_s$ 关系图。

从图 8-3 （a）、（b）、（c）可见，ω_1 与 E_s 及 $\frac{1+e_1}{a}$ 相关性很差，而 ω_1 和 $\overline{E}_s = \dfrac{\sum_{i=1}^{n} N_{63.5i} h_i A_i}{\sum_{i=1}^{n} h_i}$ 基本为线性关系，相关系数 $R = 0.97$。故可根据 $\omega_1\text{-}\overline{E}_s$ 关系图，查取 ω_1。从而可采用式（8-8）计算路堤在任意填高条件下对应的地基沉降量 S_H。

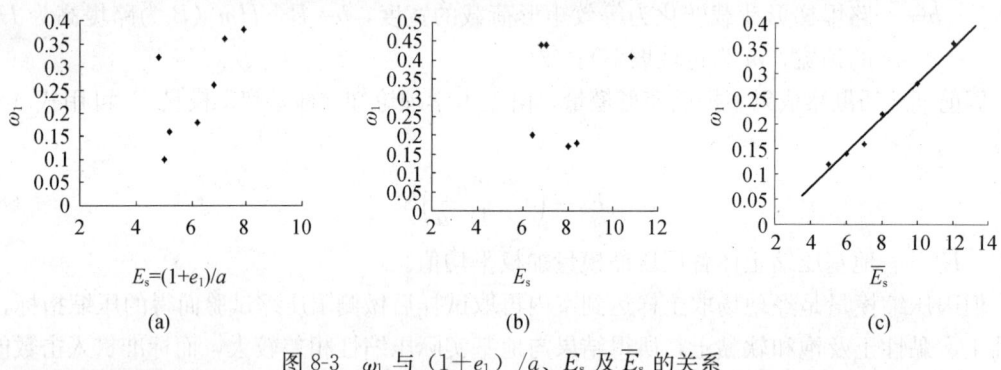

图 8-3 ω_1 与 $(1+e_1)/a$、E_s 及 $\overline{E}_s$ 的关系

弹性标贯击数加权平均法计算地基最终沉降量，适用于地基压缩层较浅，且分层不明显，各土层物理力学指标值相差不大的地层

8.3 工程实例

按照前述三种计算地基沉降量的方法，依据地质勘察资料，计算出济菏高速公路地基在路堤荷载作用下的沉降量，连同现场观测结果同列于表 8-4。从表可看出：

（1）利用分层总和法计算的沉降量误差较大，即与实测值偏离较大，绝对误差在 30%，主要原因是计算过程中采用的压缩指标准确性差。

（2）利用规范经验公式法计算的沉降量误差也比较大，主要原因是附加应力系数和沉降计算系数均由表查取，与鲁西南黄河冲积平原地基的实际情况不符。

（3）利用现场标准贯入击数（修正值）计算地基沉降量，绝对误差较小，在 1cm 左右，主要原因是标准贯入击数较为准确地反映了压缩层的强度及应力-应变特征，而且包含了地下水位的影响，克服了利用室内原状样压缩指标计算沉降量的误差，地基沉降影响系数与鲁西南黄河冲积平原地基的实际情况相符，且相对计算工作量少，易于编程上机计算。

8 利用前期勘测资料计算地基最终沉降量

表 8-4 路堤荷载作用下地基最终沉降量

断面桩号	计算点位置	深度 z(m)	地下水位 (m)	地基压缩土层指标					填土路堤工程指标					地基最终沉降量与实测值			
				分层数 n(层)	平均压缩模量 $\overline{E}_s$(MPa)	平均压缩系数 a(MPa^{-1})	平均空隙比 e	平均泊松比 μ	高度 H(m)	平均重度 γ(kN/m^3)	边坡坡比	顶宽 B(m)	加高方式	地基最终沉降量 S(cm)			
														分层总和法	《规范》经验公式法	标准贯入法	实测
K113+740	中点	9.5		3	10.90	0.262	0.788		1.58	19.5	1.5	30	一台阶	2.59	3.65	3.98	3.95
K114+416	中点	12.2		3	7.93	0.463	0.903		2.15	19.6	1.5	30	一台阶	5.87	3.10	3.32	3.23
K114+700	中点	12.0		4	8.42	0.350	0.747		2.10	19.5	1.5	30	一台阶	5.28	2.50	3.13	3.13
K114+776	中点	17.0		7	9.38	0.153	0.810		3.30	19.5	1.5	30	四台阶	10.66	17.74	10.99	11.70
K125+671	中点	17.8	2.2	7	6.53	0.363	0.862	4.81	3.10	19.5	1.5	30	四台阶	7.49	9.60	7.80	6.48
K133+600	中点	21.4	1.8	8	6.81	0.388	0.875		4.32	19.5	1.5	30	凸曲线	24.10	27.30	19.90	21.40
K136+000	中点	23.0	3.5	8	9.16	0.245	0.783		4.85	19.5	1.5	30	凸曲线	20.91	18.88	18.43	18.27
K151+065	中点	23.4	1~1.2	7	7.00	0.288	0.790		5.03					20.76	12.45	20.5	11.60

参 考 文 献

[1] GB/T 50145—2007 土的工程分类标准［S］.
[2] GB 50007—2011 建筑地基基础设计规范［S］.
[3] GB 50021—2001 岩土工程勘察规范（2009 年版）［S］.
[4] JTG E40—2007 公路土工试验规程［S］.
[5] JTG D60—2004 公路桥涵设计通用规范［S］.
[6] GB/T 50941—2014 建筑地基基础术语标准［S］.
[7] JTG D30—2004 公路路基设计规范［S］.
[8] JTG D63—2007 公路桥涵地基与基础设计规范［S］.
[9] GB 50011—2010 建筑抗震设计规范［S］.
[10] JTG F10—2006 公路路基施工技术规范［S］.
[11] GB 50025—2004 湿陷性黄土地区建筑规范［S］.
[12] JGJ 79—2012 建筑地基处理技术规范［S］.
[13] JTG B02—2013 公路工程抗震规范［S］.
[14] 陈希哲，叶菁. 土力学地基基础［M］. 北京：清华大学出版社，2013.
[15] 邵光辉，吴能森. 土力学与地基基础［M］. 北京：人民交通出版社，2007.
[16] 刘国华. 土质学与土力学［M］. 北京：化学工业出版社，2009.
[17] 龚晓楠. 地基处理技术发展与展望［M］. 北京：中国水利水电出版社，2004.
[18] JTG/TD 31-02—2013 公路软土地基路堤设计与施工技术细则［S］.
[19] 济南—菏泽高速公路工程地质勘测报告［R］. 2003，12.
[20] 济南—聊城高速公路工程地质勘测报告［R］. 1997，10.
[21] 济南—德州高速公路工程地质勘测报告［R］. 1995，9.

中国建材工业出版社
China Building Materials Press

我们提供

图书出版、图书广告宣传、企业/个人定向出版、设计业务、企业内刊等外包、代选代购图书、团体用书、会议、培训，其他深度合作等优质高效服务。

编辑部	出版咨询	市场销售	门市销售
010-68343948	010-68343948	010-68001605	010-88386906

邮箱：jccbs-zbs@163.com　　网址：www.jccbs.com

发展出版传媒　　服务经济建设

传播科技进步　　满足社会需求

（版权专有，盗版必究。未经出版者预先书面许可，不得以任何方式复制或抄袭本书的任何部分。举报电话：010-68343948）

附表2-8 K132+698钻孔勘探与分层土工试验成果统计表

地质时代	层号	层底标高 (m)	层底深度 (m)	分层厚度 (m)	岩性描述	状态或密实度	桩侧土极限摩阻力 (kPa)	承载力容许值 $[f_0]$ (kPa)	含水量 ω %	比重 G_s	重度 γ kN/m³	干重度 γ_d	孔隙比 e_0	液限 ω_L %	塑限 ω_P %	塑性指数 I_P	液性指数 I_L	剪切试验(快剪) 黏聚力 c kPa	剪切试验(快剪) 内摩擦角 φ °	压缩试验(天然) 压缩系数 α_{1-2} MPa⁻¹	压缩试验(天然) 压缩模量 E_s MPa
Q_4^{pd}	1	37.23	0.50	0.50	种植土,褐黄色,以砂质粉土为主,见植物根系																
Q_4^{al}	2	34.43	3.30	2.80	砂质粉土,褐黄色,稍密,土质均匀,摇振反应中等,质纯	稍密	25	110	29.1	2.70	18.5	14.3	0.85	27.6	20.9	6.7	1.25	18	13.0	0.32	5.93
Q_4^{al}	3	33.03	4.70	1.40	砂质粉土,褐灰色,稍密,摇振反应迅速,见铁质氧化物,稍具臭味	稍密	20	100													
Q_4^{al}	4	30.73	7.00	2.30	黏土,褐灰色,软塑,土质细腻,具臭味,有机质含量稍高	软塑	25	110	43.3	2.76	17.5	12.2	1.22	50.7	26.1	24.7	0.70	23	3.9	0.59	4.07
Q_4^{al}	5	28.93	8.80	1.80	粉质黏土,褐灰色,可塑－硬塑,具臭味,腐殖质含量高,底部见姜石	可塑－硬塑	35	140													
Q_4^{al}	6	26.23	11.50	2.70	砂质粉土,褐灰－褐黄色,稍密－中密,摇振反应迅速,稍具臭味,底部稍含砂粒	稍密－中密	40	160	22.2	2.70	19.5	15.9	0.66	25.4	18.5	7.0	0.55	8	23.0	0.19	8.73
Q_4^{al}	7	23.53	14.20	2.70	粉质黏土,褐黄色,硬塑,见铁锰质氧化物,偶见姜石,见灰白色条带	硬塑	45	170	22.3	2.71	19.7	16.1	0.65	28.8	18.0	10.8	0.40	12	20.0	0.20	8.24
Q_4^{al}	8	22.03	15.70	1.50	砂质粉土,褐黄色,湿,中密,摇振反应迅速,见铁锰质氧化物,见姜石,含量约10%	中密	45	190	24.3	2.69	18.8	15.1	0.74	25.9	18.4	7.5	0.79			0.22	7.92
Q_4^{al}	9	19.83	17.90	2.20	黏土,黄褐色,硬塑,见铁锰质氧化物,土质均匀	硬塑	50	190	32.5	2.74	19.0	14.3	0.87	45.2	26.7	18.5	0.31	50	6.9	0.25	7.49
Q_4^{al}	10	15.23	22.50	4.60	砂质粉土,褐黄色,中密,摇振反应中等,见铁锰质氧化物,偶见姜石	中密	45	200	24.2	2.7	19.0	15.3	0.73	27.1	19.1	8.0	0.64	22	16.2	0.19	10.40
Q_4^{al}	11	11.13	26.60	4.10	粉质黏土,褐黄色,可塑－硬塑,粉粒含量稍高,近砂质粉土,见铁锰质氧化物,偶见姜石	可塑－硬塑	45	220	21.6	2.70	18.1	14.9	0.78	26.6	19.3	7.4	0.3	35	18.1	0.16	13.80
Q_4^{al}	12	6.33	31.40	4.80	粉质黏土,黄褐色,硬塑,见铁锰质氧化物,偶见姜石,见灰绿斑纹	硬塑	55	230	27.8	2.73	18.2	14.2	0.88	40	23.6	16.4	0.26	61	20.0	0.16	11.70
Q_4^{al}	13	2.73	35.0	3.60	黏土,黄褐色,硬塑,见铁锰质氧化物,偶见姜石	硬塑	60	240	28.1	2.75	19.2	15	0.8	48.4	28.9	19.5	−0.1	56	17.2	0.17	11.50

附表 2-7　K128+295 钻孔勘探与分层土工试验成果统计表

地质时代	层号	层底标高(m)	层底深度(m)	分层厚度(m)	岩性描述	状态或密实度	桩侧土极限摩阻力(kPa)	承载力容许值$[f_0]$(kPa)	含水量ω %	比重G_s	重度γ kN/m³	干重度γ_d	孔隙比e_0	液限ω_L %	塑限ω_P %	塑性指数I_P	液性指数I_L	剪切试验(快剪) 黏聚力c kPa	剪切试验(快剪) 内摩擦角φ °	压缩试验(天然) 压缩系数α_{1-2} MPa⁻¹	压缩试验(天然) 压缩模量E_s MPa
Q_4^{Me}	1	37.20	1.50	1.50	填筑土,杂色,松散,稍密,湿,表层为路面,以粉质黏土、砂质粉土为主,混灰渣、植物根系																
Q_4^{al}	2	34.30	4.40	2.90	砂质粉土,黄褐色,湿—很湿,稍密,摇振反应迅速,土质均匀,见云母碎片	稍密	25	110	24.9	2.70	19.4	15.5	0.7	27.2	20.6	6.6	0.66	15	26.5	0.17	10.60
Q_4^{al}	3	32.20	6.50	2.10	砂质粉土,浅灰色,很湿,稍密,摇振反应迅速,底部夹粉质黏土薄层	稍密	20	100	24.1	2.70	19.3	15.6	0.7	27.5	20.6	6.9	0.51			0.15	11.30
Q_4^{al}	4	29.10	9.60	3.10	黏土,褐灰—浅灰色,软塑—可塑,稍具臭味,底部含腐殖质	软塑—可塑	25	110	52.1	2.74	19.2	12.6	1.13	56.6	39.2	17.4	0.74	36	6.9	0.95	2.24
Q_4^{al}	5	28.40	10.30	0.70	粉质黏土,灰黑—黄灰色,可塑,见腐殖质,土质不均,底部粉粒含量较高	可塑	30	130	22.9	2.71	19.3	15.7	0.69	29.1	18.4	10.7	0.42	19	13.0	0.35	4.83
Q_4^{al}	6	23.30	15.40	5.10	粉质黏土,黄褐色,可塑,粉粒含量高,夹砂质粉土薄层,局部见小姜石,径0.5~2cm,含量5%~15%,分布不均	可塑	35	150	23.5	2.71	19.7	16.0	0.67	29.1	17.9	11.2	0.51	32	12.1	0.31	6.22
Q_4^{al}	7	22.20	16.50	1.10	粉质黏土,棕黄色,可塑,见黏土团块,底部粉粒含量增加	可塑	40	160	27.5	2.72	18.9	14.8	0.8	35.1	21.2	13.9	0.45	48	5.5	0.42	4.28
Q_4^{al}	8	20.20	18.50	2.00	粉质黏土,棕黄色,可塑—硬塑,粉粒含量略高,近砂质粉土	可塑—硬塑	40	180	21.6	2.70	19.6	16.1	0.64	25.4	17.3	8.1	0.53	25	23.0	0.12	13.70
Q_4^{al}	9	16.00	22.70	4.20	粉质黏土,褐黄—黄绿色,可塑—硬塑,土质不均,夹砂质粉土薄层,见姜石,径0.5~3cm,含量5%~10%,分布不均,底部可达20%,偶见贝壳碎片	可塑—硬塑	45	190	22.1	2.71	20.4	16.7	0.59	29.9	18.6	11.3	0.31	45	14.9	0.20	7.95
Q_4^{al}	10	13.10	25.60	2.90	黏土,黄褐色,硬塑—半干硬,见铁锰结核,含姜石,径0.5~2cm,含量5%~15%	硬塑—半干硬	55	200	25.7	2.74	19.3	15.3	0.75	44.1	25.7	18.5	0	98	14.6	0.24	7.33
Q_4^{al}	11	12.10	26.60	1.00	砂质粉土,棕黄色,很湿,中密—密实,见云母碎片,摇振反应迅速,黏粒含量高,近粉质黏土	中密—密实	45	200	23.5	2.70	19.6	15.9	0.67	24.9	16.0	8.9	0.84	14	13.6	0.13	12.80
Q_4^{al}	12	10.60	28.10	1.50	中砂,黄褐色,饱和,中密,见暗色矿物,主要矿物成分为石英、长石等,磨圆度一般,级配很好	中密	45	260													
Q_4^{al}	13	4.39	33.80	5.70	粉质黏土,黄褐色,可塑—硬塑,土质不均,底部粉粒含量稍高,夹砂质粉土薄层,见姜石,径0.5~3cm,约5%~10%,分布不均,见贝壳碎片	可塑—硬塑	50	220	21.3	2.72	20.2	16.6	0.61	30.0	17.6	12.4	0.31	38	18.7	0.28	5.88
Q_4^{al}	14	0.40	38.30	4.50	中砂,黄褐色,很湿,饱和,中密—密实,含少量暗色矿物,主要矿物成分为石英、长石等,磨圆度一般,级配较好	中密—密实	55	300													
Q_4^{al}	15	-3.80	42.50	4.20	粉质黏土,棕黄色,硬塑—半干硬,局部见姜石,径0.5~2cm,约5%~10%,含较多砂砾	硬塑—半干硬	60	260	20.9	2.72	20.1	16.6	0.6	31.5	18.7	12.8	0.17	36	11.0	0.27	5.94
Q_4^{al}	16	-6.30	45.00	2.50	粉质黏土,褐黄色,硬塑,土质不均,夹砂质粉土薄层,见姜石,径0.5~2cm,约5%~15%	硬塑	60	240	28	2.72	19.5	15.2	0.75	41.5	28.6	12.9	-0.1	24	13.6	0.21	8.33

附表 2-10　K138+664 钻孔勘探与分层土工试验成果统计表

地质时代	层号	层底标高 (m)	层底深度 (m)	分层厚度 (m)	岩性描述	状态或密实度	桩侧土极限摩阻力 (kPa)	承载力容许值 $[f_0]$ (kPa)	含水量 ω %	比重 G_s	重度 γ kN/m³	干重度 γ_d	孔隙比 e_0	液限 ω_L %	塑限 ω_P %	塑性指数 I_P	液性指数 I_L	剪切试验(快剪) 黏聚力 c kPa	剪切试验(快剪) 内摩擦角 φ °	压缩试验(天然) 压缩系数 α_{1-2} MPa⁻¹	压缩试验(天然) 压缩模量 E_s MPa
Q_4^{pd}	1	38.95	0.50	0.50	种植土,褐黄色,松散,稍湿,以砂质粉土为主,含植物根系																
Q_4^{al}	2	33.15	6.30	5.80	砂质粉土,褐黄色,稍密,湿一很湿,土质较均匀,局部夹粉质黏土夹层,见白色云母碎片	稍密	25	110	26.5	2.70	18.7	14.8	0.8	28.4	21.8	6.7	0.71	21	16.9	0.30	6.76
Q_4^{al}	3	31.95	7.50	1.20	砂质粉土,褐灰色,稍密,很湿,具锈染,见灰白色条带,稍具臭味	稍密	20	110													
Q_4^{al}	4	28.75	10.70	3.20	黏土,褐灰色,可塑一硬塑,土质较均匀,含腐殖质,见铁质氧化物,见贝壳碎片	可塑一硬塑	30	120	41.6	2.75	17.7	12.5	1.2	52.1	33.0	19.1	0.43	22	6.9	0.59	3.84
Q_4^{al}	5	25.85	13.60	2.90	粉质黏土,褐灰色,硬塑,见贝壳碎片,具锈染,见姜石,径 0.5～2cm,含量 5%～10%,分布不均	硬塑	35	150	21.7	2.71				29.4	18.8	10.6	0.27				
Q_4^{al}	6	24.95	14.50	0.90	粉细砂,褐黄色,中密,饱和,以石英、长石为主,颗粒均匀,级配差,黏粒含量低,小于 10%	中密	40	160													
Q_4^{al}	6-1	24.05	15.40	0.90	粉质黏土,褐灰色,可塑一硬塑,见铁锰质氧化物,含贝壳碎片	可塑一硬塑	40	180													
Q_4^{al}	6	22.35	17.10	1.70	粉细砂,褐灰色,中密,饱和,以石英、长石为主,颗粒均匀,级配差,黏粒含量低,小于 10%	中密	45	160													
Q_4^{al}	7	21.45	18.00	0.90	砂质粉土,褐灰色,中密,湿,摇振反应迅速,土质均匀,具锈染,见灰白色条带	中密	40	180	22.8	2.69	19.5	15.9	0.7	26.2	19.3	6.9	0.51	16	11.6	0.19	8.74
Q_4^{al}	7-1	19.55	19.90	1.90	黏土,黄褐色,硬塑,具锈染,见灰白色条带,含姜石,径 1～2.5cm,含量小于 10%	硬塑	45	190	31.2	2.74	19.0	14.5	0.9	38.9	21.8	17.1	0.55			0.43	4.31
Q_4^{al}	7	18.55	20.90	1.00	砂质粉土,褐黄色,中密,湿,摇振反应迅速,土质较均匀,具锈染,见灰白色条带	中密	45	180													
Q_4^{al}	8	15.95	23.50	2.60	粉质黏土,褐黄一黄褐色,可塑一硬塑,具锈染,见灰白色条带,偶见姜石	可塑一硬塑	45	200	20.1	2.73	20.1	16.7	0.6	38.1	21.9	16.2	-0.10			0.18	8.89
Q_4^{al}	9	13.65	25.80	2.30	砂质粉土,褐黄色,中密,湿,摇振反应迅速,局部夹粉质黏土薄层,见铁锰质氧化物	中密	50	210													
Q_4^{Ql}	10	9.15	30.30	4.50	细砂,褐黄一褐灰色,中密,饱和,局部粒含量稍高,近砂质粉土,夹砂质粉土薄层,以石英、长石为主,颗粒不均,级配良好,黏粒含量低	中密	45	220													
Q_4^{Ql}	11	7.35	32.10	1.80	粉质黏土,褐灰色,硬塑,具锈染,见灰白色条带,见铁锰质氧化物,偶见姜石	硬塑	55	220	20.3	2.72	19.8	16.5	0.6	32.8	19.7	13.1	0.05	41	6.2	0.26	6.23
Q_4^{Ql}	12	3.8	35.65	3.55	黏土,褐灰色,硬塑,土质较均匀,见铁锰质氧化物,偶见姜石	硬塑	60	240	26.3	2.74	19.1	15.1	0.8	43.2	26.0	17.2	0.02			0.19	9.34

附表2-9 K135+717钻孔勘探与分层土工试验成果统计表

地质时代	层号	层底标高(m)	层底深度(m)	分层厚度(m)	岩性描述	状态或密实度	桩侧土极限摩阻力(kPa)	承载力容许值$[f_0]$(kPa)	含水量ω %	比重G_s	重度γ kN/m³	干重度γ_d	孔隙比e_0	液限ω_L %	塑限ω_P %	塑性指数I_P	液性指数I_L	剪切试验(快剪) 黏聚力c kPa	内摩擦角φ °	压缩试验(天然) 压缩系数α_{1-2} MPa⁻¹	压缩模量E_s MPa
Q_4^{pd}	1	37.70	0.50	0.5	种植土,棕黄色,松散,稍湿,以砂质粉土为主,见植物根系																
Q_4^{al}	2	36.80	1.40	0.9	砂质粉土,褐黄色,稍密,稍湿—湿,土质均匀,偶见粉质黏土团粒	稍密	25	110													
Q_4^{al}	3	33.80	4.40	3.00	砂质粉土,褐灰色,稍密,很湿,摇振反应迅速,土质较均匀,具锈染	稍密	20	100	25	2.69	18.8	15.1	1	26.8	20.6	6.2	0.7	3	26.1	0.14	12.67
Q_4^{al}	4	29.80	8.40	4.00	淤泥质黏土,褐灰色,软塑—流塑,见富含腐殖质薄层,具臭味,土质均匀,细腻,局部夹黏土薄层	软塑—流塑	25	90	52	2.75	17.5	11.5	1	55.3	32.4	23.0	0.93	10	4.8	0.75	3.20
Q_4^{al}	5	26.80	11.40	3.00	粉质黏土,褐灰色,可塑,姜石含量随深度增加,局部达10%,见铁锰质氧化物	可塑	30	150	23	2.72	20.0	16.2	1	32.3	18.9	13.5	0.28			0.28	5.90
Q_4^{al}	6	22.00	16.20	4.80	砂质粉土,褐灰色,稍密—中密,局部砂粒含量高,近粉细沙,偶见粉质黏土薄层,具锈染	稍密—中密	40	170	64	2.70	19.6	15.8	1	26.5	19.5	7.1	0.62	24	20.8	0.2	8.59
Q_4^{al}	7	18.80	19.40	3.20	粉质黏土,褐红—褐黄色,可塑,含姜石,径0.5~1.5cm,含量5%,见铁锰质氧化物	可塑	40	180	32	2.72	19.4	14.7	1	31.0	19.6	11.4	1.03	19	2.1	0.33	5.58
Q_4^{al}	8	14.20	24.00	4.60	粉质黏土,褐红色,可塑—硬塑,偶见粉细砂薄层,见铁锰质氧化物,偶见姜石	可塑—硬塑	50	220	26	2.72	19.3	15.3	1	36.5	22.4	14.1	0.26	31	8.4	0.30	5.85
Q_4^{al}	9	10.90	27.30	3.30	粉质黏土,褐黄色,可塑—硬塑,粉粒含量高,近砂质粉土,见灰白色条带,偶见姜石	可塑—硬塑	45	200	24	2.71	19.6	15.9	1	28.5	18.2	10.3	0.54			0.27	7.05
Q_4^{al}	10	7.60	30.60	3.30	粉质黏土,褐灰色,硬塑,见铁锰质氧化物,偶见姜石,局部黏粒含量高	硬塑	50	210	23	2.72	19.9	16.2	1	31.9	18.9	13	0.34	26	7.3	0.30	5.83
Q_4^{al}	11	3.20	35	4.4	粉质黏土,褐红色,硬塑,见铁锰质氧化物,偶见姜石	硬塑	55	230	23	2.73	19.6	15.9	1	36.4	20.1	16.3	0.17			0.26	6.48

表 1-1 鲁西南黄河冲积平原 0～60m 深度主要自然结构原状土基本物理力学指标汇总表

土类	统计数据	颗粒大小(mm)及颗粒组成(%)						含水量 ω(%)	土粒比重 G_s	重度 γ (kN/m³)	干重度 γ_d (kN/m³)	孔隙比 e_0	液限 ω_L (%)	塑限 ω_P (%)	塑性指数 I_P	液性指数 I_L	剪切试验(快剪)		压缩试验		标贯击数 N(击)	承载力容许值 $[f_a]$(kPa)	桩侧土极限摩阻力 q(kPa)
		砾粒	砂粒			粉粒	黏粒										c (kPa)	φ (°)	压缩系数 a_{1-2}(MPa⁻¹)	压缩模量 E_s(MPa)			
		>2.0	2.0～0.5	0.5～0.25	0.25～0.1	0.1～0.005	<0.005																
低液限粉土	最小值				0	60.3	2.4	18	2.69	16.0	11.1	0.59	21.1	14.5	5.4		2.0	1.4	0.1	2.4	3	110	25
	最大值				33.3	93.8	14.8	36	2.71	19.9	16.4	0.91	31.3	24.7	10.3		43.0	28.0	0.46	16.2	25.2	150	40
	数据个数				276	276	276	1656	1656	1656	1656	1656	1656	1656	1656		1325	1325	1560	1560	1656	1656	1656
	平均值				5.92	83.5	10.18	24.77	2.70	18.98	15.17	0.73	26.9	20.16	6.77		17.03	17.7	0.2	10.06	7.79	120	29
低液限黏土	最小值				0	72.9	15.1	18.7	2.69	17.8	12.7	0.56	22.4	15.2	10.2		5.0	1.4	0.1	0.2	5	120	30
	最大值				6.4	95	27.5	36.2	2.76	20.5	17.2	0.89	50.0	29.1	20.7		89.0	27.0	0.44	16.41	18.2	240	60
	数据个数				63	63	63	1650	1650	1650	1650	1650	1650	1650	1650		63	63	53	53	1620	1620	1620
	平均值				2.13	81.6	22.4	23.4	2.71	19.66	15.93	0.67	37.73	19.9	12.45		30.85	10.22	0.26	6.77	12.54	178	45
黏土	最小值					57.8	27.1	19.2	2.70	16.4	10.6	0.59	31.0	17.7	13.2		1.5	1.4	0.1	2.28	3.6	180	55
	最大值					72.9	41.3	55.1	2.74	20.2	16.4	1.45	67.3	43.3	24.6		97.0	14.3	1.02	15.91	17.9	240	60
	数据个数					65	65	1470	1470	1470	1470	1470	1470	1470	1470		65	65	48	48	1450	1200	1200
	平均值					63.8	34.2	32.6	2.72	18.56	14.09	0.93	44.8	25.66	18.14		26.72	6.93	0.39	6.59	9.92	212	56.7
淤泥质黏土	最小值							40.2	2.72	15.9	9.8	1.1	35.9	23.9	12.0		7.0	1.4	0.64	1.95	2.8	50	13
	最大值							62.8	2.76	17.9	12.7	1.77	56.8	35.7	24.7		18.0	5.3	1.35	3.27	7.5	90	16
	数据个数							273	273	273	273	273	273	273	273		37	37	41	41	261	261	261
	平均值							52.5	2.75	16.88	11.12	1.44	47.78	27.12	18.47		12.0	2.98	0.94	2.60	4.5	83.3	15
粉细砂	最小值	0	3.3	15.7	35.1	7.4	0														9.1	120	35
	最大值	10.3	17.2	26.5	75.5	16	0														10.5	200	45
	数据个数	73	73	73	73	73																	
	平均值	4.5	9.7	20.2	57.6	11.7	0	25.2	2.72	19.4	15.5	0.72	36.0	22.4	13.6	0.21	35	4.9	0.26	6.62	9.9	145	40
中砂	最小值	7.4	23.4	19.6	5.8	1.2	0														17.8	200	40
	最大值	15.2	62.5	50.2	16.8	13.7	0														34.5	280	55
	数据个数	62	62	62	62	62																	
	平均值	10.5	42.1	33.5	15.4	7.5	0	23.4	2.71	19.6	15.9	0.677	31.6	19.3	12.3	0.34	37	7.6	0.33	5.14	24.2	240	47.5
粗砂	最小值																				7.7		
	最大值																				20.1		
	平均值	19.7	53.4	17.3	7.5	2.1	0	20.7	2.72	19.9	16.5	0.62	31.6	18.1	13.5	0.19	16	9.6	0.33	4.9	14.2	200	60

表 1-4　日东高速公路通车 3 年后 K389+098 通道桥台后路堤土工试验成果

室内土样编号	野外土样编号	取土深度(m)	含水量 $\omega(\%)$	密度 ρ (g/m³)	干密度 ρ_d (g/m³)	比重 G_S	孔隙比 e_0	饱和度 $S_r(\%)$	液限 $\omega_L(\%)$	塑限 $\omega_P(\%)$	塑性指数 I_P	液性指数 I_L	剪切试验(快剪) c(kPa)	$\varphi(°)$	压缩系数 a_{1-2}(MPa⁻¹)	压缩模量 E_{s1-2}(MPa)	土类
3-1	K398+098 1-1	1.0~1.2	17.8	2.03	1.72	2.69	0.561	85.0	23.6	17.0	6.6	0.12			0.12	12.78	低液限粉土
3-2	K398+098 1-2	2.0~2.2	18.3			2.68			27.0	20.8	6.2	<0					低液限粉土
3-3	K398+098 1-3	3.0~3.2	21.9	1.96	1.61	2.73	0.698	86.0	34.1	19.5	14.6	0.16	22.8	17.9	0.14	11.98	低液限黏土
3-4	K398+098 1-4	4.0~4.2	26.6	1.96	1.55	2.71	0.750	96.0	27.4	16.6	10.8	0.93	22.7	10.9	0.20	8.59	低液限黏土
3-5	K398+098 1-5	5.0~5.2	26.9	1.95	1.54	2.70	0.757	96.0	32.7	23.9	8.8	0.34			0.20	8.61	低液限粉土
3-6	K398+098 1-6	6.0~6.2	23.9	1.99	1.61	2.70	0.681	95.0	28.4	19.2	9.2	0.51	15.8	22.0	0.10	16.62	低液限粉土
3-7	K398+098 2-1	1.0~1.2	20.0	1.92	1.60	2.69	0.688	79.0	29.0	19.6	9.4	0.04			0.21	7.85	低液限粉土
3-8	K398+098 2-2	2.0~2.2	19.1	1.80	1.51	2.69	0.780	66.0	25.8	19.2	6.7	<0			0.19	9.16	低液限粉土
3-9	K398+098 2-3	3.0~3.2	23.9	1.95	1.57	2.71	0.709	91.0	27.6	20.1	7.5	0.51			0.17	9.82	低液限粉土
3-10	K398+098 2-4	4.0~4.2	20.3	1.85	1.54	2.71	0.762	72.0	29.5	18.3	11.2	0.18			0.38	4.44	低液限黏土
3-11	K398+098 2-5	5.0~5.2	24.0	2.06	1.66	2.69	0.631	100	24.7	14.2	10.5	0.93	21.5	16.2	0.18	8.85	低液限黏土
3-12	K398+098 2-6	6.0~6.2	22.3	2.04	1.67	2.69	0.613	98.0	28.5	20.4	8.1	0.23			0.09	17.71	低液限粉土
3-13	K398+098 2-7	7.0~7.2	23.4	2.02	1.64	2.69	0.643	98.0	29.6	22.1	7.5	0.17			0.10	16.23	低液限粉土
3-14	K398+098 3-1	1.0~1.2	18.7	1.91	1.61	2.70	0.672	75.0	27.9	20.2	7.7	<0			0.10	16.51	低液限粉土
3-15	K398+098 3-2	2.0~2.2	19.8			2.69			29.2	20.1	9.1	<0					低液限粉土
3-46	K398+098 3-3	3.0~3.2	20.7			2.73			28.8	21.2	7.6	<0					低液限粉土
3-17	K398+098 3-4	4.0~4.2	21.3	1.92	1.58	2.70	0.725	80.0	34.1	19.3	14.8	0.14	42.7	19.4	0.21	8.09	低液限黏土
3-18	K398+098 3-5	5.0~5.2	29.6	1.85	1.43	2.69	0.891	90.0	33.0	24.3	8.7	0.61			0.23	7.91	低液限粉土
3-19	K398+098 3-6	6.0~6.2	23.6	2.01	1.63	2.69	0.654	97.0	28.3	19.8	8.4	0.45	10.5	22.8	0.09	18.22	低液限粉土
3-20	K398+098 3-7	7.0~7.2	23.0	2.02	1.64	2.69	0.638	97.0	28.5	21.3	7.2	0.24	14.0	17.8	0.07	23.14	低液限粉土

附表 2-1　K110+580 钻孔勘探与分层土工试验成果统计表

地质时代	层号	层底标高 (m)	层底深度 (m)	分层厚度 (m)	岩性描述	状态或密实度	桩侧土极限摩阻力 (kPa)	承载力容许值 $[f_0]$ (kPa)	含水量 ω %	比重 G_s	重度 γ kN/m³	干重度 γ_d	孔隙比 e_0	液限 ω_L %	塑限 ω_P %	塑性指数 I_P	液性指数 I_L	剪切试验(快剪) 黏聚力 c kPa	剪切试验(快剪) 内摩擦角 φ °	压缩试验(天然) 压缩系数 α_{1-2} MPa⁻¹	压缩试验(天然) 压缩模量 E_s MPa
Q_4^{al}	2	37.13	2.00	2.00	粉质黏土,黄褐色,松散,土质均匀,以粉细砂为主,其次为黏土,上部有45cm耕土				25.4	2.72	18.5	14.8	0.82	35.3	21.8	13.5	0.27	58	10.3	0.30	7.17
Q_4^{al}	3	36.13	3.00	1.00	黏土,深灰色,软—硬塑,含少量粉细砂,土质均匀,2.20～2.30m夹砂质粉土				22.6	2.71	19.5	15.9	0.67	30.5	21.1	9.4	0.17	40	9.0	0.32	5.33
Q_4^{al}	3	34.13	5.00	2.00	黏土,黄灰色,软—硬塑,但含砂量较上层略高,偶见有小姜石				23.2	2.72	17.0	19.7	0.66	30.7	20.2	10.5	0.29	40	11.5	0.22	7.11
Q_4^{al}	4	33.43	5.70	0.70	黏土,深灰色或灰绿色,软—硬塑,含有姜石				23.6	2.72	17.0	19.5	0.67	30.8	20.1	10.7	0.33	41	11.9	0.24	0.31
Q_4^{al}	4—1	32.53	6.60	0.90	含姜石黏土,灰色,硬塑,含姜石不均匀,约占10%				24.2	2.72	19.5	15.8	0.69	34.9	21.3	13.6	0.29	46	9.9	0.25	6.60
Q_4^{al}	5	31.13	8.00	1.40	中粗砂,灰白色,松散,很湿,中密,粗砂为主,次为中砂,含少量黏土及粉细砂,颗粒不均,局部有砾砂				24.3	2.74	19.3	15.5	0.73	37.9	21.1	16.8	0.27	64	12.3	0.28	7.77
Q_4^{al}	6	27.68	11.45	3.45	黏土,上部为灰色、灰黑色,下部为黄褐色,含有姜石,含量不均匀,大小不一,1～5cm,9.00m以下姜石较小,分布较均匀,偶尔见有5cm较坚硬姜石				22.7	2.73	19.3	15.8	0.70	36.3	20.4	16.7	0.01	71	11.9	0.18	9.13
Q_4^{al}	7—2	23.88	15.25	3.80	中砂,黄色,饱和,松散,中密,含少量粗砂,颗粒较均匀,上部有20cm含黏土较高,含有小砾石				23.0	2.72	19.3	15.7	0.70	33.4	20.3	13.1	0.21	27	17.5	0.31	5.48
Q_4^{al}	7	21.88	17.25	2.00	中粗砂,灰白色,饱和,松散,中密,以粗砂为主,次为中砂,有极少量砾砂				20.6	2.72	19.1	15.8	0.68	32.8	19.4	13.4	0.09	26	11.0	0.18	9.35
Q_4^{al}	8	20.33	18.80	1.55	黏土,黄褐色,硬塑,含有小姜石及黑色铁锰斑点																
Q_4^{al}	9	19.33	19.80	1.00	粗砾砂,黄色,饱和,中密,因黏土含量较高,有黏性				24.2	2.73	19.7	15.9	0.69	41.8	24.8	17	—0	34	12.3	0.15	11.30
Q_4^{al}	9—1	18.68	20.45	0.65	中粗砂,灰白色,饱和,松散,中密,颗粒较均匀																
Q_4^{al}	9	16.93	22.20	1.75	粉砾砂,黄色,饱和,中密,以砾砂、粗砂、黏土等组成,因黏土含量较高,有一定黏性																
Q_4^{al}	10	15.83	23.30	1.10	粉质黏土,黄色,硬塑,以黏土为主,含有较多粗砂、砾砂及姜石,含量不均匀,上部黏土含量较高																
Q_4^{al}	11	13.13	26.00	2.70	粗砂,黄色,饱和,中密,以粗砂为主,含有砾砂及黏土,黏土含量不均匀,上部较高,往下逐渐减少																
Q_4^{al}	11—1	9.13	30.00	4.00	粗砂,灰白色,松散,饱和,中密,含少量砾砂及小砾石																
Q_4^{al}	12	8.43	30.70	0.70	粉质黏土,褐黄色,硬塑,以黏土为主,次为粉细砂,含有姜石,含量不均匀																
Q_4^{al}	13	5.43	33.70	3.00	砂质粉土,褐黄色,软—硬塑,以粉细砂为主,其次为黏土,黏土含量不均匀,上多下少,底部有20cm砂层																
Q_4^{al}	14	0.93	38.20	4.50	黏土,褐黄色,硬塑,以黏土为主,含有姜石,分布不均匀,下部为灰色,姜石较多																
Q_4^{al}	15	−1.27	40.40	2.20	砂质粉土,褐黄色,较松散,土质均匀,以粉细砂为主																

地质时代	层号	层底标高 (m)	层底深度 (m)	分层厚度 (m)	岩性描述	w_P %	塑性指数 I_P	液性指数 I_L	黏聚力 c kPa	内摩擦角 φ °	压缩系数 α_{1-2} MPa^{-1}	压缩模量 E_s MPa
Q_4^{Me}	1	35.50	2.60	2.60	粉质黏土,褐黄色—棕黄,薄层,具铁锰结核	20.1	5.8	0.58	7	12.3	0.12	15.40
Q_4^{al}	2	34.70	3.40	0.80	粉质黏土,棕灰色,可塑,核,土质不均匀	23.4	10.6	1.41	7	1.4	0.64	3.20
Q_4^{al}	3	31.10	7.00	3.60	粗砂,浅灰色,饱和,中密为石英、长石,磨圆度一般							
Q_4^{al}	4	25.80	12.30	5.30	粉质黏土,灰黄色,可塑—径 0.5~4cm,约 5%	21.9	14.9	0.48	18	7.9	0.37	5.30
Q_4^{al}	5	16.80	21.30	9.00	粉质黏土,灰黄色,可塑,土薄层,含砂砾约5%	29.3	21.9	−0.2	40	12.5	0.11	17.20
Q_4^{al}	7	13.10	25.00	3.70	黏土,棕黄色,可塑—硬塑石,径 1~2cm	19.8	17.5	0.31	11	3.5	0.34	5.00
Q_4^{al}	8	7.90	30.20	5.20	黏土,黄褐色,硬塑,含铁~2cm,约 10%,含砂砾	25.2	24.5	−0.2	44	6.2	0.09	18.00
Q_4^{al}	9	6.20	31.90	1.70	粗砂,黄褐色,饱和,中密英、长石等,磨圆度一般							
Q_4^{al}	9-1	4.70	33.40	1.50	粉质黏土,褐黄色,硬塑含砂粒,约 5%	21.4	16.0	0.13	28	11.3	0.22	7.61
Q_4^{al}	9	0.90	37.20	3.80	粗砂,黄褐色,饱和,中密英、长石等,磨圆度一般							
Q_4^{al}	10-2	−3.50	41.60	4.40	砂质粉土,褐黄色,饱和,中长石等,磨圆度一般,级配	20	15.2	0.12	28	6.2	0.34	4.67
Q_4^{al}	10	−6.90	45.00	3.40	黏土,棕灰色,硬塑,含铁锰~2cm,约10%							
						24.9	17.1	0.14	24	13.6	0.22	9.49

统计表

重度 γ kN/m³	干重度 γ_d	孔隙比 e_0	液限 w_L %	塑限 w_P %	塑性指数 I_P	液性指数 I_L	黏聚力 c kPa	内摩擦角 φ °	压缩系数 α_{1-2} MPa^{-1}	压缩模量 E_s MPa
8.5	14.3	0.84	25.8	19.1	6.7	1.43	17	19.3	0.18	10.7
8.9	14.6	0.81	30.8	20.8	10.0	0.89	22	9.6	0.32	5.67
7.2	11.8	1.30	54.5	33.0	21.5	0.61	36	7.0	0.56	4.11
9.5	15.9	0.67	29.4	18.9	10.5	0.36	14	7.0	0.32	5.22
9.4	15.5	0.75	48.3	25.3	23.0	0.01			0.28	6.25
			29.5	19.2	10.3	−0.1				
8.8	14.8	0.82	49.8	29.7	20.1	−0.1	80	2.8	0.26	6.99
8.9	16.2	0.64	32.6	20.3	9.6	0.2	20	13.6	0.21	8.00
9.0	16.5	0.62	33.0	19.8	13.2	0.11	34	14.9	0.25	6.51
8.5	17.7	0.50	30.5	17.2	13.3	−0.1	63	11.6	0.29	5.18
8.8	16.2	0.63	27.3	20.6	6.7	0.27	24	18.7	0.17	9.59
8.7	15.8	0.69	34.7	19.6	15.1	0.35	30	12.0	0.32	5.29

附表 2-11　K147+141 钻孔勘探与分层土工试验成果统计表

地质时代	层号	层底标高 (m)	层底深度 (m)	分层厚度 (m)	岩性描述	状态或密实度	桩侧土极限摩阻力 (kPa)	承载力容许值$[f_0]$ (kPa)	含水量 ω %	比重 G_s	重度 γ kN/m³	干重度 γ_d	孔隙比 e_0	液限 ω_L %	塑限 ω_P %	塑性指数 I_P	液性指数 I_L	剪切试验(快剪) 黏聚力 c kPa	剪切试验(快剪) 内摩擦角 φ °	压缩试验(天然) 压缩系数 α_{1-2} MPa⁻¹	压缩试验(天然) 压缩模量 E_s MPa
Q_4^{pd}	1	39.35	0.50	0.50	填筑土,黄褐色,稍密,稍湿,以砂质粉土为主,见小碎石																
Q_4^{al}	2	36.95	2.90	2.40	砂质粉土,褐黄色,稍密,稍湿,土质均匀,偶见黏土团粒	稍密	25	110	26.3	2.7	18.4	14.6	0.81	26.5	19.9	6.6	0.97	22	16.8	0.28	6.48
Q_4^{al}	2-1	35.55	4.30	1.40	黏土,黄褐色,可塑,见铁锰质结核,具锈染,夹砂质粉土团粒	可塑	30	120	42.4	2.74	17.1	12	1.24	51.9	34.6	17.3	0.45	36	4.9	0.68	3.30
Q_4^{al}	2	34.15	5.70	1.40	砂质粉土,褐黄色,稍密,湿,土质均匀,偶见锈染,底部稍具褐灰色	稍密	25	110													
Q_4^{al}	3	30.55	9.30	3.60	黏土,黄褐色,可塑,土质均匀,细腻,见铁质氧化物,稍具臭味,偶见贝壳碎片,含有机质	可塑	30	140	39.3	2.74	17.8	12.8	1.10	52.5	34.4	18.1	0.27	51	5.5	0.38	5.52
Q_4^{al}	4	26.55	13.30	4.00	粉质黏土,黄褐色,可塑,局部夹砂质粉土薄层,具锈染,偶见姜石,含量小于5%	可塑	35	150	21.4	2.71	19.7	16.3	0.64	28.8	18.5	10.3	0.27	23	6.3	0.36	4.50
Q_4^{al}	5	23.45	16.40	3.10	粉质黏土,棕褐色,硬塑,偶见姜石,见灰绿色条带,见铁锰氧化物	硬塑	40	180	28.6	2.72	19.5	15.2	0.76	40.2	27.6	12.6	0.08	33	16.8	0.24	7.32
Q_4^{al}	6	22.05	17.80	1.40	砂质粉土,褐黄色,稍密—中密,湿,摇振反应迅速,局部黏含量稍高,具锈染,偶见姜石	稍密—中密	40	170	22.7	2.68	19.7	16.1	0.64	25.1	19.4	5.7	0.58	5	16.9	0.14	11.70
Q_4^{al}	7	19.45	20.40	2.60	粉质黏土,褐黄色,可塑,具锈染,见砂质粉土薄层,见铁锰氧化物,偶见姜石	可塑	45	190													
Q_4^{al}	8	16.15	23.70	3.30	粉质黏土,褐黄色,可塑—硬塑,具锈染,底部粉粒含量稍高,近砂质粉土,偶见姜石	可塑—硬塑	45	200	21.3	2.72	19.7	16.2	0.64	31.5	18.2	13.3	0.26	28	8.6	0.26	6.37
Q_4^{al}	9	13.95	25.90	2.20	砂质粉土,黄褐色,中密,湿,摇振反应迅速,土质均匀,具锈染	中密	45	210	18.9	2.69	19.7	16.6	0.59	24	18	6.0	0.15	17	25.9	0.11	14.50
Q_4^{al}	10	11.85	28.00	2.10	粉质黏土,黄褐色,硬塑,偶见姜石,粉粒含量稍高,局部夹砂质粉土薄层,见铁锰氧化物	硬塑	50	220	21.7	2.71	19.5	16	0.66	28.9	18.5	10.4	0.31	24	4.2	0.32	5.18
Q_4^{al}	11	9.15	30.70	2.70	砂质粉土,褐黄色,中密,很湿,摇振反应迅速,土质较均匀,具锈染	中密	50	220	26	2.68	19	15.1	0.74	27.5	22.1	5.4	0.72	9	28.0	0.14	12.40
Q_4^{al}	12	6.75	33.10	2.40	黏土,棕褐色,硬塑,顶部粉粒含量稍高,具锈染,偶见贝壳碎片,含少量姜石,含量小于5%,径0.5~2.5cm	硬塑	55	230	30.8	2.74	19	14.5	0.85	47	29.4	17.6	0.08	40	10.3	0.31	5.96
Q_4^{al}	13	3.45	36.40	3.30	粉质黏土,黄褐—棕黄色,硬塑,底部厚0.5cm,粉粒含量高,近砂质粉土,见铁锰氧化物,偶见姜石	硬塑	55	240	23.6	2.73	19.7	15.9	0.68	32.3	17.3	15.0	0.42	15	5.5	0.33	5.09
Q_4^{al}	14	-0.15	40.00	3.60	黏土,灰黄色,硬塑,含姜石约7%,径0.5~3.0cm,分布不均,见铁锰氧化物	硬塑	60	260	27.8	2.74	19.6	15.3	0.75	44.2	26.7	17.5	0.06	67	16.8	0.15	11.70